Lovespell Library

Painted Wings Publishing

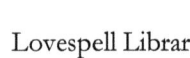

Lovespell Library

For more information, visit: JHouserWrites.com

Formatting, cover & edge designs by Painted Wings Publishing

ISBNs:

Hardback: 978-1-957334-19-6

Paperback: 978-1-957334-20-2

First Edition: February 2024

10 9 8 7 6 5 4 3 2 1

FROM THE LIBRARY OF:

_____

How to enjoy your lovespell book journal!

*The Great TBR List: 13 pages allow you to easily list 546 books 'To Be Read.'

*'Top Tier Tropes' and **'Tallying the Tropes'** pages invite you to track how often you read various romance tropes and list your favorite book for each!

*The Lovespell Library Bookshelf: Decorate with the top 50 books you read & journaled about.

*Journal Pages: 250 pages have been included to rate & review each book you read. Print off a picture of the cover & attach it in the designated spot, or lean on your artistic skills to recreate it!

*The Dusty DNFs (Did Not Finish): Not every book is for every reader. 6 pages are included (72 entries) for you to list the title and your progress before you decided to put the book down (e.g. 100/200 pages read, or 50%). A space is included for commentary.

*Extra Pages: 18 extra lined pages have been added in case those included for other topics didn't happen to be enough for your particular reading habits!

*For best results: use pens, pencils, or markers that are non-bleeding.

**For merch, extra tips, and free templates related to this book journal, go to JHouserWrites.com

* THE GREAT TBR LIST *

* THE GREAT TBR LIST *

* THE GREAT TBR LIST *

* THE GREAT TBR LIST *

* THE GREAT TBR LIST *

* THE GREAT TBR LIST *

* THE GREAT TBR LIST *

* THE GREAT TBR LIST *

* THE GREAT TBR LIST *

* THE GREAT TBR LIST *

* THE GREAT TBR LIST *

* THE GREAT TBR LIST *

* THE GREAT TBR LIST *

Top Tier Tropes

Best Rivals/Enemies to Lovers

_____

Review #_____

Best Second Chance Romance

_____

Review #_____

Best 'Brother's Best Friend'/'Best Friend's Brother'

_____

Review #_____

Best Fake Relationship

_____

Review #_____

Best Friends to Lovers

_____

Review #_____

Best Forced Proximity/One Bed

_____

Review #_____

Best Forbidden Love/Star-Crossed Lovers

_____

Review #_____

Best Love Triangle/Multiple Love Interests

_____

Review #_____

Best Secretly Royal/Rich

_____

Review #_____

Best Grumpy/Sunshine

_____

Review #_____

Best Age Gap Romance

_____

Review #_____

Best Diverse Couple

_____

Review #_____

Tallying the Tropes

RIVALS/ENEMIES TO LOVERS	SECOND CHANCE ROMANCE	BEST FRIEND'S BROTHER / BROTHER'S BEST FRIEND
FAKE RELATIONSHIP	FRIENDS TO LOVERS	FORCED PROXIMITY / ONE BED
FORBIDDEN LOVE / STAR-CROSSED LOVERS	LOVE TRIANGLE / MULTIPLE LOVE INTERESTS	SECRETLY ROYAL / RICH
GRUMPY / SUNSHINE	AGE GAP ROMANCE	DIVERSE COUPLES

#1 MOST READ

#2 MOST READ

#3 MOST READ

LOVESPELL ❧ LIBRARY

For the love of books

TITLE: _____

SERIES: _____

AUTHOR: _____

PAGES: _____

STARTED: _____

FINISHED: _____

☆ ☆ ☆ ☆ ☆

FORMAT READ: EBOOK / PRINT / AUDIOBOOK

✓ SYNOPSIS/THINGS I LIKED:
_____
_____
_____
_____

🚫 THINGS I DIDN'T LIKE:
_____
_____
_____
_____

✏️ FAVORITE QUOTE(S):
_____
_____
_____
_____
_____
_____
_____

1

TITLE: _____

SERIES: _____

AUTHOR: _____

PAGES: _____

STARTED: _____

FINISHED: _____

☆ ☆ ☆ ☆ ☆

FORMAT READ: EBOOK / PRINT / AUDIOBOOK

✓ SYNOPSIS/THINGS I LIKED:
_____
_____
_____
_____

🚫 THINGS I DIDN'T LIKE:
_____
_____
_____
_____
_____

✎ FAVORITE QUOTE(S):
_____
_____
_____
_____
_____
_____
_____

✓ **SYNOPSIS/THINGS I LIKED:**

_____

_____

_____

_____

🚫 **THINGS I DIDN'T LIKE:**

_____

_____

_____

_____

✎ **FAVORITE QUOTE(S):**

_____

_____

_____

_____

_____

_____

TITLE: _____

SERIES: _____

AUTHOR: _____

PAGES: _____

STARTED: _____

FINISHED: _____

☆ ☆ ☆ ☆ ☆

FORMAT READ: EBOOK / PRINT / AUDIOBOOK 3

✔ **SYNOPSIS/THINGS I LIKED:**

_____
_____
_____
_____
_____

🚫 **THINGS I DIDN'T LIKE:**

_____
_____
_____
_____

✎ **FAVORITE QUOTE(S):**

_____
_____
_____
_____
_____
_____
_____

TITLE: _____

SERIES: _____

AUTHOR: _____

PAGES: _____

STARTED: _____

FINISHED: _____

☆ ☆ ☆ ☆ ☆

FORMAT READ: EBOOK / PRINT / AUDIOBOOK

TITLE: _____

SERIES: _____

AUTHOR: _____

PAGES: _____

STARTED: _____

FINISHED: _____

☆ ☆ ☆ ☆ ☆

🔥 🔥 🔥 🔥 🔥

FORMAT READ: EBOOK / PRINT / AUDIOBOOK

✔️ **SYNOPSIS/THINGS I LIKED:**

_____
_____
_____
_____

🚫 **THINGS I DIDN'T LIKE:**

_____
_____
_____
_____

✏️ **FAVORITE QUOTE(S):**

_____
_____
_____
_____
_____
_____
_____

5

TITLE: _____

SERIES: _____

AUTHOR: _____

PAGES: _____

STARTED: _____

FINISHED: _____

☆ ☆ ☆ ☆ ☆

FORMAT READ: EBOOK / PRINT / AUDIOBOOK

☑ **SYNOPSIS/THINGS I LIKED:**

_____
_____
_____
_____

🚫 **THINGS I DIDN'T LIKE:**

_____
_____
_____
_____

📝 **FAVORITE QUOTE(S):**

_____
_____
_____
_____
_____
_____

✓ **SYNOPSIS/THINGS I LIKED:**

_____
_____
_____
_____
_____

🚫 **THINGS I DIDN'T LIKE:**

_____
_____
_____
_____

📝 **FAVORITE QUOTE(S):**

_____
_____
_____
_____
_____
_____

TITLE: _____

SERIES: _____

AUTHOR: _____

PAGES: _____

STARTED: _____

FINISHED: _____

☆ ☆ ☆ ☆ ☆

✓ **SYNOPSIS/THINGS I LIKED:**

_____

_____

_____

_____

🚫 **THINGS I DIDN'T LIKE:**

_____

_____

_____

_____

✏️ **FAVORITE QUOTE(S):**

_____

_____

_____

_____

_____

_____

TITLE: _____

SERIES: _____

AUTHOR: _____

PAGES: _____

STARTED: _____

FINISHED: _____

☆ ☆ ☆ ☆ ☆

FORMAT READ: EBOOK / PRINT / AUDIOBOOK

TITLE: _____

SERIES: _____

AUTHOR: _____

PAGES: _____

STARTED: _____

FINISHED: _____

☆ ☆ ☆ ☆ ☆

FORMAT READ: EBOOK / PRINT / AUDIOBOOK

✓ **SYNOPSIS/THINGS I LIKED:**

_____
_____
_____
_____
_____

🚫 **THINGS I DIDN'T LIKE:**

_____
_____
_____
_____
_____

✎ **FAVORITE QUOTE(S):**

_____
_____
_____
_____
_____
_____
_____

9

TITLE: _____

SERIES: _____

AUTHOR: _____

PAGES: _____

STARTED: _____

FINISHED: _____

☆ ☆ ☆ ☆ ☆

🔥 🔥 🔥 🔥 🔥

FORMAT READ: EBOOK / PRINT / AUDIOBOOK

✅ **SYNOPSIS/THINGS I LIKED:**

_____
_____
_____
_____

🚫 **THINGS I DIDN'T LIKE:**

_____
_____
_____
_____

📝 **FAVORITE QUOTE(S):**

_____
_____
_____
_____
_____
_____
_____

✅ **Synopsis/Things I liked:**

_____

_____

_____

_____

🚫 **Things I didn't like:**

_____

_____

_____

_____

📝 **Favorite quote(s):**

_____

_____

_____

_____

_____

_____

Title: _____

Series: _____

Author: _____

Pages: _____

Started: _____

Finished: _____

☆ ☆ ☆ ☆ ☆

✓ **SYNOPSIS/THINGS I LIKED:** _____

_____

_____

_____

_____

🚫 **THINGS I DIDN'T LIKE:** _____

_____

_____

_____

_____

✎ **FAVORITE QUOTE(S):** _____

_____

_____

_____

_____

_____

_____

TITLE: _____

SERIES: _____

AUTHOR: _____

PAGES: _____

STARTED: _____

FINISHED: _____

☆ ☆ ☆ ☆ ☆

FORMAT READ: EBOOK / PRINT / AUDIOBOOK

TITLE: _____

SERIES: _____

AUTHOR: _____

PAGES: _____

STARTED: _____

FINISHED: _____

☆ ☆ ☆ ☆ ☆

FORMAT READ: EBOOK / PRINT / AUDIOBOOK

✔ **SYNOPSIS/THINGS I LIKED:**

_____
_____
_____
_____

🚫 **THINGS I DIDN'T LIKE:**

_____
_____
_____
_____

✎ **FAVORITE QUOTE(S):**

_____
_____
_____
_____
_____
_____
_____

13

TITLE: _____

SERIES: _____

AUTHOR: _____

PAGES: _____

STARTED: _____

FINISHED: _____

☆ ☆ ☆ ☆ ☆

FORMAT READ: EBOOK / PRINT / AUDIOBOOK

✓ **SYNOPSIS/THINGS I LIKED:**

_____
_____
_____
_____
_____

🚫 **THINGS I DIDN'T LIKE:**

_____
_____
_____
_____
_____

✏️ **FAVORITE QUOTE(S):**

_____
_____
_____
_____
_____
_____
_____

✓ **SYNOPSIS/THINGS I LIKED:**

_____

_____

_____

_____

_____

🚫 **THINGS I DIDN'T LIKE:**

_____

_____

_____

_____

✏️ **FAVORITE QUOTE(S):**

_____

_____

_____

_____

_____

_____

_____

TITLE: _____

SERIES: _____

AUTHOR: _____

PAGES: _____

STARTED: _____

FINISHED: _____

☆ ☆ ☆ ☆ ☆

☑ **Synopsis/Things I liked:**

_____
_____
_____
_____
_____

🚫 **Things I didn't like:**

_____
_____
_____
_____

✏️ **Favorite quote(s):**

_____
_____
_____
_____
_____
_____
_____

Title: _____

Series: _____

Author: _____

Pages: _____

Started: _____

Finished: _____

☆ ☆ ☆ ☆ ☆

Format read: Ebook / Print / Audiobook

16

TITLE: _____

SERIES: _____

AUTHOR: _____

PAGES: _____

STARTED: _____

FINISHED: _____

☆ ☆ ☆ ☆ ☆

FORMAT READ: EBOOK / PRINT / AUDIOBOOK

✓ **SYNOPSIS/THINGS I LIKED:**

_____
_____
_____
_____

🚫 **THINGS I DIDN'T LIKE:**

_____
_____
_____
_____

📝 **FAVORITE QUOTE(S):**

_____
_____
_____
_____
_____
_____
_____

TITLE: _____

SERIES: _____

AUTHOR: _____

PAGES: _____

STARTED: _____

FINISHED: _____

☆ ☆ ☆ ☆ ☆

FORMAT READ: EBOOK / PRINT / AUDIOBOOK

✓ **SYNOPSIS/THINGS I LIKED:**

_____
_____
_____
_____

🚫 **THINGS I DIDN'T LIKE:**

_____
_____
_____
_____

✏️ **FAVORITE QUOTE(S):**

_____
_____
_____
_____
_____
_____

✓ **SYNOPSIS/THINGS I LIKED:**

_____

_____

_____

_____

🚫 **THINGS I DIDN'T LIKE:**

_____

_____

_____

_____

📝 **FAVORITE QUOTE(S):**

_____

_____

_____

_____

_____

_____

_____

TITLE: _____

SERIES: _____

AUTHOR: _____

PAGES: _____

STARTED: _____

FINISHED: _____

☆ ☆ ☆ ☆ ☆

FORMAT READ: EBOOK / PRINT / AUDIOBOOK 19

✓ **SYNOPSIS/THINGS I LIKED:**

_____
_____
_____
_____

🚫 **THINGS I DIDN'T LIKE:**

_____
_____
_____
_____

✎ **FAVORITE QUOTE(S):**

_____
_____
_____
_____
_____
_____

TITLE: _____

SERIES: _____

AUTHOR: _____

PAGES: _____

STARTED: _____

FINISHED: _____

☆ ☆ ☆ ☆ ☆

FORMAT READ: EBOOK / PRINT / AUDIOBOOK

TITLE: _____

SERIES: _____

AUTHOR: _____

PAGES: _____

STARTED: _____

FINISHED: _____

☆ ☆ ☆ ☆ ☆

FORMAT READ: EBOOK / PRINT / AUDIOBOOK

✓ SYNOPSIS/THINGS I LIKED:
_____
_____
_____
_____
_____

🚫 THINGS I DIDN'T LIKE:
_____
_____
_____
_____
_____

📝 FAVORITE QUOTE(S):
_____
_____
_____
_____
_____
_____
_____
_____

TITLE: _____

SERIES: _____

AUTHOR: _____

PAGES: _____

STARTED: _____

FINISHED: _____

☆ ☆ ☆ ☆ ☆

FORMAT READ: EBOOK / PRINT / AUDIOBOOK

✓ **SYNOPSIS/THINGS I LIKED:**

_____
_____
_____
_____

🚫 **THINGS I DIDN'T LIKE:**

_____
_____
_____
_____

✏️ **FAVORITE QUOTE(S):**

_____
_____
_____
_____
_____
_____
_____

✓ **SYNOPSIS/THINGS I LIKED:**

_____

_____

_____

_____

🚫 **THINGS I DIDN'T LIKE:**

_____

_____

_____

_____

✏️ **FAVORITE QUOTE(S):**

_____

_____

_____

_____

_____

_____

TITLE: _____

SERIES: _____

AUTHOR: _____

PAGES: _____

STARTED: _____

FINISHED: _____

☆ ☆ ☆ ☆ ☆

✔ **SYNOPSIS/THINGS I LIKED:**

_____
_____
_____
_____
_____

🚫 **THINGS I DIDN'T LIKE:**

_____
_____
_____
_____

📝 **FAVORITE QUOTE(S):**

_____
_____
_____
_____
_____
_____
_____

TITLE: _____

SERIES: _____

AUTHOR: _____

PAGES: _____

STARTED: _____

FINISHED: _____

☆ ☆ ☆ ☆ ☆

FORMAT READ: EBOOK / PRINT / AUDIOBOOK

TITLE: _____

SERIES: _____

AUTHOR: _____

PAGES: _____

STARTED: _____

FINISHED: _____

☆ ☆ ☆ ☆ ☆

🔥 🔥 🔥 🔥 🔥

FORMAT READ: EBOOK / PRINT / AUDIOBOOK

✅ **SYNOPSIS/THINGS I LIKED:**

_____
_____
_____
_____

🚫 **THINGS I DIDN'T LIKE:**

_____
_____
_____
_____

✏️ **FAVORITE QUOTE(S):**

_____
_____
_____
_____
_____
_____
_____

TITLE: _____

SERIES: _____

AUTHOR: _____

PAGES: _____

STARTED: _____

FINISHED: _____

☆ ☆ ☆ ☆ ☆

🔥 🔥 🔥 🔥 🔥

FORMAT READ: EBOOK / PRINT / AUDIOBOOK

✓ **SYNOPSIS/THINGS I LIKED:**

_____
_____
_____
_____

🚫 **THINGS I DIDN'T LIKE:**

_____
_____
_____
_____
_____

📝 **FAVORITE QUOTE(S):**

_____
_____
_____
_____
_____
_____
_____

☑ **SYNOPSIS/THINGS I LIKED:** _____
_____
_____
_____
_____

🚫 **THINGS I DIDN'T LIKE:** _____
_____
_____
_____

✏️ **FAVORITE QUOTE(S):** _____
_____
_____
_____
_____
_____
_____

TITLE: _____

SERIES: _____

AUTHOR: _____

PAGES: _____

STARTED: _____

FINISHED: _____

☆ ☆ ☆ ☆ ☆

FORMAT READ: EBOOK / PRINT / AUDIOBOOK 27

✓ **SYNOPSIS/THINGS I LIKED:**

_____
_____
_____
_____
_____

🚫 **THINGS I DIDN'T LIKE:**

_____
_____
_____
_____

✎ **FAVORITE QUOTE(S):**

_____
_____
_____
_____
_____
_____
_____

TITLE: _____

SERIES: _____

AUTHOR: _____

PAGES: _____

STARTED: _____

FINISHED: _____

☆ ☆ ☆ ☆ ☆

FORMAT READ: EBOOK / PRINT / AUDIOBOOK

TITLE: _____

SERIES: _____

AUTHOR: _____

PAGES: _____

STARTED: _____

FINISHED: _____

☆ ☆ ☆ ☆ ☆

FORMAT READ: EBOOK / PRINT / AUDIOBOOK

✓ **SYNOPSIS/THINGS I LIKED:**

_____
_____
_____
_____
_____

🚫 **THINGS I DIDN'T LIKE:**

_____
_____
_____
_____
_____

✎ **FAVORITE QUOTE(S):**

_____
_____
_____
_____
_____
_____
_____

TITLE: _____

SERIES: _____

AUTHOR: _____

PAGES: _____

STARTED: _____

FINISHED: _____

☆ ☆ ☆ ☆ ☆

FORMAT READ: EBOOK / PRINT / AUDIOBOOK

✓ **SYNOPSIS/THINGS I LIKED:**

_____
_____
_____
_____

🚫 **THINGS I DIDN'T LIKE:**

_____
_____
_____
_____

✎ **FAVORITE QUOTE(S):**

_____
_____
_____
_____
_____
_____

☑ **SYNOPSIS/THINGS I LIKED:** _____
_____
_____
_____
_____

🚫 **THINGS I DIDN'T LIKE:** _____
_____
_____
_____
_____

📝 **FAVORITE QUOTE(S):** _____
_____
_____
_____
_____
_____
_____

TITLE: _____

SERIES: _____

AUTHOR: _____

PAGES: _____

STARTED: _____

FINISHED: _____

☆ ☆ ☆ ☆ ☆

_____

_____

_____

_____

🚫 **THINGS I DIDN'T LIKE:**

_____

_____

_____

_____

✏️ **FAVORITE QUOTE(S):**

_____

_____

_____

_____

_____

_____

TITLE: _____

SERIES: _____

AUTHOR: _____

PAGES: _____

STARTED: _____

FINISHED: _____

☆ ☆ ☆ ☆ ☆

FORMAT READ: EBOOK / PRINT / AUDIOBOOK

TITLE: _____

SERIES: _____

AUTHOR: _____

PAGES: _____

STARTED: _____

FINISHED: _____

☆ ☆ ☆ ☆ ☆

FORMAT READ: EBOOK / PRINT / AUDIOBOOK

✓ **SYNOPSIS/THINGS I LIKED:**

_____
_____
_____
_____

⊘ **THINGS I DIDN'T LIKE:**

_____
_____
_____
_____
_____

✎ **FAVORITE QUOTE(S):**

_____
_____
_____
_____
_____
_____
_____

TITLE: _____

SERIES: _____

AUTHOR: _____

PAGES: _____

STARTED: _____

FINISHED: _____

☆ ☆ ☆ ☆ ☆

🔥 🔥 🔥 🔥 🔥

FORMAT READ: EBOOK / PRINT / AUDIOBOOK

✔️ **SYNOPSIS/THINGS I LIKED:**

_____
_____
_____
_____

🚫 **THINGS I DIDN'T LIKE:**

_____
_____
_____
_____

📝 **FAVORITE QUOTE(S):**

_____
_____
_____
_____
_____
_____
_____

✓ **SYNOPSIS/THINGS I LIKED:**

_____
_____
_____
_____
_____

🚫 **THINGS I DIDN'T LIKE:**

_____
_____
_____
_____

✏️ **FAVORITE QUOTE(S):**

_____
_____
_____
_____
_____
_____
_____

TITLE: _____

SERIES: _____

AUTHOR: _____

PAGES: _____

STARTED: _____

FINISHED: _____

☆ ☆ ☆ ☆ ☆

_____
_____
_____
_____
_____

🚫 **THINGS I DIDN'T LIKE:**

_____
_____
_____
_____

✎ **FAVORITE QUOTE(S):**

_____
_____
_____
_____
_____
_____
_____

TITLE: _____

SERIES: _____

AUTHOR: _____

PAGES: _____

STARTED: _____

FINISHED: _____

☆ ☆ ☆ ☆ ☆

FORMAT READ: EBOOK / PRINT / AUDIOBOOK

TITLE: _____

SERIES: _____

AUTHOR: _____

PAGES: _____

STARTED: _____

FINISHED: _____

☆ ☆ ☆ ☆ ☆

FORMAT READ: EBOOK / PRINT / AUDIOBOOK

✓ SYNOPSIS/THINGS I LIKED:

_____
_____
_____
_____
_____

🚫 THINGS I DIDN'T LIKE:

_____
_____
_____
_____
_____

✏️ FAVORITE QUOTE(S):

_____
_____
_____
_____
_____
_____
_____
_____

TITLE: _____

SERIES: _____

AUTHOR: _____

PAGES: _____

STARTED: _____

FINISHED: _____

☆ ☆ ☆ ☆ ☆

FORMAT READ: EBOOK / PRINT / AUDIOBOOK

✓ **SYNOPSIS/THINGS I LIKED:**

_____
_____
_____
_____

🚫 **THINGS I DIDN'T LIKE:**

_____
_____
_____
_____
_____

🖊 **FAVORITE QUOTE(S):**

_____
_____
_____
_____
_____
_____
_____

✓ **SYNOPSIS/THINGS I LIKED:** _____

_____

_____

_____

_____

🚫 **THINGS I DIDN'T LIKE:** _____

_____

_____

_____

✎ **FAVORITE QUOTE(S):** _____

_____

_____

_____

_____

_____

_____

_____

TITLE: _____

SERIES: _____

AUTHOR: _____

PAGES: _____

STARTED: _____

FINISHED: _____

☆ ☆ ☆ ☆ ☆

FORMAT READ: EBOOK / PRINT / AUDIOBOOK 39

☑ **SYNOPSIS/THINGS I LIKED:**

_____
_____
_____
_____
_____

🚫 **THINGS I DIDN'T LIKE:**

_____
_____
_____
_____

✎ **FAVORITE QUOTE(S):**

_____
_____
_____
_____
_____
_____
_____

TITLE: _____

SERIES: _____

AUTHOR: _____

PAGES: _____

STARTED: _____

FINISHED: _____

☆ ☆ ☆ ☆ ☆

FORMAT READ: EBOOK / PRINT / AUDIOBOOK

TITLE:

SERIES:

AUTHOR:

PAGES:

STARTED:

FINISHED:

☆☆☆☆☆

FORMAT READ: EBOOK / PRINT / AUDIOBOOK

✓ SYNOPSIS/THINGS I LIKED:

_____
_____
_____
_____
_____

🚫 THINGS I DIDN'T LIKE:

_____
_____
_____
_____
_____

✏️ FAVORITE QUOTE(S):

_____
_____
_____
_____
_____
_____
_____

TITLE: _____

SERIES: _____

AUTHOR: _____

PAGES: _____

STARTED: _____

FINISHED: _____

☆ ☆ ☆ ☆ ☆

🔥 🔥 🔥 🔥 🔥

FORMAT READ: EBOOK / PRINT / AUDIOBOOK

✅ **SYNOPSIS/THINGS I LIKED:**

_____
_____
_____
_____
_____

🚫 **THINGS I DIDN'T LIKE:**

_____
_____
_____
_____
_____

📝 **FAVORITE QUOTE(S):**

_____
_____
_____
_____
_____
_____
_____

✓ **SYNOPSIS/THINGS I LIKED:**

_____

_____

_____

_____

_____

🚫 **THINGS I DIDN'T LIKE:**

_____

_____

_____

_____

✎ **FAVORITE QUOTE(S):**

_____

_____

_____

_____

_____

_____

TITLE: _____

SERIES: _____

AUTHOR: _____

PAGES: _____

STARTED: _____

FINISHED: _____

☆ ☆ ☆ ☆ ☆

✅ **SYNOPSIS/THINGS I LIKED:**

_____

_____

_____

_____

🚫 **THINGS I DIDN'T LIKE:**

_____

_____

_____

_____

✏️ **FAVORITE QUOTE(S):**

_____

_____

_____

_____

_____

_____

TITLE: _____

SERIES: _____

AUTHOR: _____

PAGES: _____

STARTED: _____

FINISHED: _____

☆ ☆ ☆ ☆ ☆

FORMAT READ: EBOOK / PRINT / AUDIOBOOK

TITLE: _____

SERIES: _____

AUTHOR: _____

PAGES: _____

STARTED: _____

FINISHED: _____

☆ ☆ ☆ ☆ ☆

FORMAT READ: EBOOK / PRINT / AUDIOBOOK

✓ **SYNOPSIS/THINGS I LIKED:**

_____
_____
_____
_____

🚫 **THINGS I DIDN'T LIKE:**

_____
_____
_____
_____

📝 **FAVORITE QUOTE(S):**

_____
_____
_____
_____
_____
_____
_____

TITLE: _____

SERIES: _____

AUTHOR: _____

PAGES: _____

STARTED: _____

FINISHED: _____

☆ ☆ ☆ ☆ ☆

FORMAT READ: EBOOK / PRINT / AUDIOBOOK

✓ **SYNOPSIS/THINGS I LIKED:**

_____
_____
_____
_____

🚫 **THINGS I DIDN'T LIKE:**

_____
_____
_____
_____

✏️ **FAVORITE QUOTE(S):**

_____
_____
_____
_____
_____
_____
_____

✓ **SYNOPSIS/THINGS I LIKED:** _____
_____
_____
_____
_____

🚫 **THINGS I DIDN'T LIKE:** _____
_____
_____
_____

✎ **FAVORITE QUOTE(S):** _____
_____
_____
_____
_____
_____
_____

TITLE: _____

SERIES: _____

AUTHOR: _____

PAGES: _____

STARTED: _____

FINISHED: _____

☆ ☆ ☆ ☆ ☆

FORMAT READ: EBOOK / PRINT / AUDIOBOOK 47

✓ **SYNOPSIS/THINGS I LIKED:**

_____
_____
_____
_____
_____

🚫 **THINGS I DIDN'T LIKE:**

_____
_____
_____
_____

✎ **FAVORITE QUOTE(S):**

_____
_____
_____
_____
_____
_____
_____

TITLE: _____

SERIES: _____

AUTHOR: _____

PAGES: _____

STARTED: _____

FINISHED: _____

☆ ☆ ☆ ☆ ☆

FORMAT READ: EBOOK / PRINT / AUDIOBOOK

TITLE: _____

SERIES: _____

AUTHOR: _____

PAGES: _____

STARTED: _____

FINISHED: _____

☆ ☆ ☆ ☆ ☆

FORMAT READ: EBOOK / PRINT / AUDIOBOOK

✔ SYNOPSIS/THINGS I LIKED:

_____
_____
_____
_____

🚫 THINGS I DIDN'T LIKE:

_____
_____
_____
_____

✎ FAVORITE QUOTE(S):

_____
_____
_____
_____
_____
_____
_____

TITLE: _____

SERIES: _____

AUTHOR: _____

PAGES: _____

STARTED: _____

FINISHED: _____

☆ ☆ ☆ ☆ ☆

FORMAT READ: EBOOK / PRINT / AUDIOBOOK

✅ **SYNOPSIS/THINGS I LIKED:**

_____
_____
_____
_____

🚫 **THINGS I DIDN'T LIKE:**

_____
_____
_____
_____

📝 **FAVORITE QUOTE(S):**

_____
_____
_____
_____
_____
_____
_____

✓ **Synopsis/Things I liked:**

_____
_____
_____
_____

🚫 **Things I didn't like:**

_____
_____
_____
_____

✎ **Favorite quote(s):**

_____
_____
_____
_____
_____
_____
_____

Title: _____

Series: _____

Author: _____

Pages: _____

Started: _____

Finished: _____

☆ ☆ ☆ ☆ ☆

Format read: Ebook / Print / Audiobook

☑ **SYNOPSIS/THINGS I LIKED:**

_____
_____
_____
_____
_____

🚫 **THINGS I DIDN'T LIKE:**

_____
_____
_____
_____

✎ **FAVORITE QUOTE(S):**

_____
_____
_____
_____
_____
_____
_____

TITLE: _____

SERIES: _____

AUTHOR: _____

PAGES: _____

STARTED: _____

FINISHED: _____

☆ ☆ ☆ ☆ ☆

FORMAT READ: EBOOK / PRINT / AUDIOBOOK

TITLE: _____

SERIES: _____

AUTHOR: _____

PAGES: _____

STARTED: _____

FINISHED: _____

☆ ☆ ☆ ☆ ☆

FORMAT READ: EBOOK / PRINT / AUDIOBOOK

✓ SYNOPSIS/THINGS I LIKED: _____
_____
_____
_____
_____

🚫 THINGS I DIDN'T LIKE: _____
_____
_____
_____
_____

✏️ FAVORITE QUOTE(S): _____
_____
_____
_____
_____
_____
_____
_____

TITLE: _____

SERIES: _____

AUTHOR: _____

PAGES: _____

STARTED: _____

FINISHED: _____

☆ ☆ ☆ ☆ ☆

🔥 🔥 🔥 🔥 🔥

FORMAT READ: EBOOK / PRINT / AUDIOBOOK

✓ **SYNOPSIS/THINGS I LIKED:**

_____
_____
_____
_____

🚫 **THINGS I DIDN'T LIKE:**

_____
_____
_____
_____

📝 **FAVORITE QUOTE(S):**

_____
_____
_____
_____
_____
_____
_____

✓ **SYNOPSIS/THINGS I LIKED:** _____
_____
_____
_____
_____

🚫 **THINGS I DIDN'T LIKE:** _____
_____
_____
_____
_____

✏️ **FAVORITE QUOTE(S):** _____
_____
_____
_____
_____
_____
_____
_____

TITLE: _____

SERIES: _____

AUTHOR: _____

PAGES: _____

STARTED: _____

FINISHED: _____

☆ ☆ ☆ ☆ ☆

FORMAT READ: EBOOK / PRINT / AUDIOBOOK 55

✓ **SYNOPSIS/THINGS I LIKED:**

_____
_____
_____
_____

🚫 **THINGS I DIDN'T LIKE:**

_____
_____
_____
_____

✎ **FAVORITE QUOTE(S):**

_____
_____
_____
_____
_____
_____

TITLE: _____

SERIES: _____

AUTHOR: _____

PAGES: _____

STARTED: _____

FINISHED: _____

☆ ☆ ☆ ☆ ☆

FORMAT READ: EBOOK / PRINT / AUDIOBOOK

TITLE: _____

SERIES: _____

AUTHOR: _____

PAGES: _____

STARTED: _____

FINISHED: _____

☆ ☆ ☆ ☆ ☆

FORMAT READ: EBOOK / PRINT / AUDIOBOOK

✓ **SYNOPSIS/THINGS I LIKED:**

_____
_____
_____
_____
_____

🚫 **THINGS I DIDN'T LIKE:**

_____
_____
_____
_____
_____

✎ **FAVORITE QUOTE(S):**

_____
_____
_____
_____
_____
_____
_____
_____

TITLE: _____

SERIES: _____

AUTHOR: _____

PAGES: _____

STARTED: _____

FINISHED: _____

☆ ☆ ☆ ☆ ☆

🔥 🔥 🔥 🔥 🔥

FORMAT READ: EBOOK / PRINT / AUDIOBOOK

✅ **SYNOPSIS/THINGS I LIKED:**

_____
_____
_____
_____

🚫 **THINGS I DIDN'T LIKE:**

_____
_____
_____
_____

📝 **FAVORITE QUOTE(S):**

_____
_____
_____
_____
_____
_____

✔ **SYNOPSIS/THINGS I LIKED:**

_____

_____

_____

_____

🚫 **THINGS I DIDN'T LIKE:**

_____

_____

_____

_____

✎ **FAVORITE QUOTE(S):**

_____

_____

_____

_____

_____

_____

TITLE: _____

SERIES: _____

AUTHOR: _____

PAGES: _____

STARTED: _____

FINISHED: _____

☆ ☆ ☆ ☆ ☆

☑ **SYNOPSIS/THINGS I LIKED:**

_____

_____

_____

_____

_____

🚫 **THINGS I DIDN'T LIKE:**

_____

_____

_____

_____

✎ **FAVORITE QUOTE(S):**

_____

_____

_____

_____

_____

_____

TITLE: _____

SERIES: _____

AUTHOR: _____

PAGES: _____

STARTED: _____

FINISHED: _____

☆ ☆ ☆ ☆ ☆

FORMAT READ: EBOOK / PRINT / AUDIOBOOK

TITLE: _____

SERIES: _____

AUTHOR: _____

PAGES: _____

STARTED: _____

FINISHED: _____

☆ ☆ ☆ ☆ ☆

FORMAT READ: EBOOK / PRINT / AUDIOBOOK

✓ SYNOPSIS/THINGS I LIKED:

_____
_____
_____
_____

🚫 THINGS I DIDN'T LIKE:

_____
_____
_____
_____
_____

✎ FAVORITE QUOTE(S):

_____
_____
_____
_____
_____
_____
_____

TITLE: _____

SERIES: _____

AUTHOR: _____

PAGES: _____

STARTED: _____

FINISHED: _____

☆ ☆ ☆ ☆ ☆

FORMAT READ: EBOOK / PRINT / AUDIOBOOK

✓ **SYNOPSIS/THINGS I LIKED:**

_____
_____
_____
_____
_____

🚫 **THINGS I DIDN'T LIKE:**

_____
_____
_____
_____
_____

📝 **FAVORITE QUOTE(S):**

_____
_____
_____
_____
_____
_____
_____
_____

☑ **SYNOPSIS/THINGS I LIKED:**

_____
_____
_____
_____
_____

🚫 **THINGS I DIDN'T LIKE:**

_____
_____
_____
_____

✏️ **FAVORITE QUOTE(S):**

_____
_____
_____
_____
_____
_____
_____

TITLE: _____

SERIES: _____

AUTHOR: _____

PAGES: _____

STARTED: _____

FINISHED: _____

☆ ☆ ☆ ☆ ☆

☑️ **SYNOPSIS/THINGS I LIKED:**

_____
_____
_____
_____
_____

🚫 **THINGS I DIDN'T LIKE:**

_____
_____
_____
_____

✏️ **FAVORITE QUOTE(S):**

_____
_____
_____
_____
_____
_____
_____

TITLE: _____

SERIES: _____

AUTHOR: _____

PAGES: _____

STARTED: _____

FINISHED: _____

☆ ☆ ☆ ☆ ☆

FORMAT READ: EBOOK / PRINT / AUDIOBOOK

TITLE: _____

SERIES: _____

AUTHOR: _____

PAGES: _____

STARTED: _____

FINISHED: _____

☆ ☆ ☆ ☆ ☆

FORMAT READ: EBOOK / PRINT / AUDIOBOOK

✓ **SYNOPSIS/THINGS I LIKED:**

_____
_____
_____
_____
_____

🚫 **THINGS I DIDN'T LIKE:**

_____
_____
_____
_____
_____

✎ **FAVORITE QUOTE(S):**

_____
_____
_____
_____
_____
_____
_____
_____

TITLE: _____

SERIES: _____

AUTHOR: _____

PAGES: _____

STARTED: _____

FINISHED: _____

☆ ☆ ☆ ☆ ☆

FORMAT READ: EBOOK / PRINT / AUDIOBOOK

✓ **SYNOPSIS/THINGS I LIKED:**

_____
_____
_____
_____

🚫 **THINGS I DIDN'T LIKE:**

_____
_____
_____
_____

✎ **FAVORITE QUOTE(S):**

_____
_____
_____
_____
_____
_____
_____

✓ **Synopsis/Things I liked:**

_____
_____
_____
_____
_____

🚫 **Things I didn't like:**

_____
_____
_____
_____

✎ **Favorite quote(s):**

_____
_____
_____
_____
_____
_____
_____

Title: _____

Series: _____

Author: _____

Pages: _____

Started: _____

Finished: _____

☆ ☆ ☆ ☆ ☆

✓ **SYNOPSIS/THINGS I LIKED:**

_____
_____
_____
_____

🚫 **THINGS I DIDN'T LIKE:**

_____
_____
_____
_____

✏️ **FAVORITE QUOTE(S):**

_____
_____
_____
_____
_____
_____

TITLE: _____

SERIES: _____

AUTHOR: _____

PAGES: _____

STARTED: _____

FINISHED: _____

☆ ☆ ☆ ☆ ☆

FORMAT READ: EBOOK / PRINT / AUDIOBOOK

TITLE: _____

SERIES: _____

AUTHOR: _____

PAGES: _____

STARTED: _____

FINISHED: _____

☆ ☆ ☆ ☆ ☆

FORMAT READ: EBOOK / PRINT / AUDIOBOOK

✓ SYNOPSIS/THINGS I LIKED:

_____
_____
_____
_____

🚫 THINGS I DIDN'T LIKE:

_____
_____
_____
_____
_____

✎ FAVORITE QUOTE(S):

_____
_____
_____
_____
_____
_____
_____

TITLE: _____

SERIES: _____

AUTHOR: _____

PAGES: _____

STARTED: _____

FINISHED: _____

☆ ☆ ☆ ☆ ☆

FORMAT READ: EBOOK / PRINT / AUDIOBOOK

✓ **SYNOPSIS/THINGS I LIKED:**

_____
_____
_____
_____

🚫 **THINGS I DIDN'T LIKE:**

_____
_____
_____
_____

✏️ **FAVORITE QUOTE(S):**

_____
_____
_____
_____
_____
_____
_____

✓ **Synopsis/Things I liked:**

_____

_____

_____

_____

🚫 **Things I didn't like:**

_____

_____

_____

_____

📝 **Favorite quote(s):**

_____

_____

_____

_____

_____

_____

Title: _____

Series: _____

Author: _____

Pages: _____

Started: _____

Finished: _____

☆ ☆ ☆ ☆ ☆

✓ **SYNOPSIS/THINGS I LIKED:**

_____
_____
_____
_____
_____

🚫 **THINGS I DIDN'T LIKE:**

_____
_____
_____
_____
_____

✏️ **FAVORITE QUOTE(S):**

_____
_____
_____
_____
_____
_____
_____

TITLE: _____

SERIES: _____

AUTHOR: _____

PAGES: _____

STARTED: _____

FINISHED: _____

☆ ☆ ☆ ☆ ☆

FORMAT READ: EBOOK / PRINT / AUDIOBOOK

TITLE: _____

SERIES: _____

AUTHOR: _____

PAGES: _____

STARTED: _____

FINISHED: _____

☆ ☆ ☆ ☆ ☆

FORMAT READ: EBOOK / PRINT / AUDIOBOOK

✓ **SYNOPSIS/THINGS I LIKED:**

_____
_____
_____
_____

🚫 **THINGS I DIDN'T LIKE:**

_____
_____
_____
_____

✎ **FAVORITE QUOTE(S):**

_____
_____
_____
_____
_____
_____
_____

TITLE: _____

SERIES: _____

AUTHOR: _____

PAGES: _____

STARTED: _____

FINISHED: _____

☆ ☆ ☆ ☆ ☆

FORMAT READ: EBOOK / PRINT / AUDIOBOOK

✓ **SYNOPSIS/THINGS I LIKED:**

_____

_____

_____

_____

🚫 **THINGS I DIDN'T LIKE:**

_____

_____

_____

_____

✎ **FAVORITE QUOTE(S):**

_____

_____

_____

_____

_____

_____

✓ **SYNOPSIS/THINGS I LIKED:**

_____
_____
_____
_____
_____

🚫 **THINGS I DIDN'T LIKE:**

_____
_____
_____
_____

✎ **FAVORITE QUOTE(S):**

_____
_____
_____
_____
_____
_____
_____

TITLE: _____

SERIES: _____

AUTHOR: _____

PAGES: _____

STARTED: _____

FINISHED: _____

☆ ☆ ☆ ☆ ☆

✓ **SYNOPSIS/THINGS I LIKED:**

_____

_____

_____

_____

_____

🚫 **THINGS I DIDN'T LIKE:**

_____

_____

_____

_____

📝 **FAVORITE QUOTE(S):**

_____

_____

_____

_____

_____

_____

TITLE: _____

SERIES: _____

AUTHOR: _____

PAGES: _____

STARTED: _____

FINISHED: _____

☆ ☆ ☆ ☆ ☆

FORMAT READ: EBOOK / PRINT / AUDIOBOOK

TITLE: _____

SERIES: _____

AUTHOR: _____

PAGES: _____

STARTED: _____

FINISHED: _____

☆ ☆ ☆ ☆ ☆

FORMAT READ: EBOOK / PRINT / AUDIOBOOK

✓ **SYNOPSIS/THINGS I LIKED:**

_____
_____
_____
_____

🚫 **THINGS I DIDN'T LIKE:**

_____
_____
_____
_____

✎ **FAVORITE QUOTE(S):**

_____
_____
_____
_____
_____
_____
_____

TITLE: _____

SERIES: _____

AUTHOR: _____

PAGES: _____

STARTED: _____

FINISHED: _____

☆☆☆☆☆

FORMAT READ: EBOOK / PRINT / AUDIOBOOK

✓ **SYNOPSIS/THINGS I LIKED:**

_____
_____
_____
_____
_____

🚫 **THINGS I DIDN'T LIKE:**

_____
_____
_____
_____
_____

📝 **FAVORITE QUOTE(S):**

_____
_____
_____
_____
_____
_____
_____
_____

✔️ **SYNOPSIS/THINGS I LIKED:**

_____
_____
_____
_____

🚫 **THINGS I DIDN'T LIKE:**

_____
_____
_____
_____

✏️ **FAVORITE QUOTE(S):**

_____
_____
_____
_____
_____
_____
_____

TITLE: _____

SERIES: _____

AUTHOR: _____

PAGES: _____

STARTED: _____

FINISHED: _____

☆ ☆ ☆ ☆ ☆

✓ **SYNOPSIS/THINGS I LIKED:**

_____

_____

_____

_____

🚫 **THINGS I DIDN'T LIKE:**

_____

_____

_____

_____

📝 **FAVORITE QUOTE(S):**

_____

_____

_____

_____

_____

_____

_____

TITLE: _____

SERIES: _____

AUTHOR: _____

PAGES: _____

STARTED: _____

FINISHED: _____

☆ ☆ ☆ ☆ ☆

FORMAT READ: EBOOK / PRINT / AUDIOBOOK

TITLE: _____

SERIES: _____

AUTHOR: _____

PAGES: _____

STARTED: _____

FINISHED: _____

☆ ☆ ☆ ☆ ☆

FORMAT READ: EBOOK / PRINT / AUDIOBOOK

✓ **SYNOPSIS/THINGS I LIKED:**

_____
_____
_____
_____

🚫 **THINGS I DIDN'T LIKE:**

_____
_____
_____
_____

📝 **FAVORITE QUOTE(S):**

_____
_____
_____
_____
_____
_____

TITLE: _____

SERIES: _____

AUTHOR: _____

PAGES: _____

STARTED: _____

FINISHED: _____

☆ ☆ ☆ ☆ ☆

FORMAT READ: EBOOK / PRINT / AUDIOBOOK

✓ **SYNOPSIS/THINGS I LIKED:**

_____
_____
_____
_____

🚫 **THINGS I DIDN'T LIKE:**

_____
_____
_____
_____

✏️ **FAVORITE QUOTE(S):**

_____
_____
_____
_____
_____
_____
_____

✓ **SYNOPSIS/THINGS I LIKED:**

_____

_____

_____

_____

🚫 **THINGS I DIDN'T LIKE:**

_____

_____

_____

_____

✎ **FAVORITE QUOTE(S):**

_____

_____

_____

_____

_____

_____

TITLE: _____

SERIES: _____

AUTHOR: _____

PAGES: _____

STARTED: _____

FINISHED: _____

☆ ☆ ☆ ☆ ☆

✔ **SYNOPSIS/THINGS I LIKED:**

_____
_____
_____
_____
_____

🚫 **THINGS I DIDN'T LIKE:**

_____
_____
_____
_____

📝 **FAVORITE QUOTE(S):**

_____
_____
_____
_____
_____
_____
_____

TITLE: _____

SERIES: _____

AUTHOR: _____

PAGES: _____

STARTED: _____

FINISHED: _____

☆ ☆ ☆ ☆ ☆

FORMAT READ: EBOOK / PRINT / AUDIOBOOK

TITLE: _____

SERIES: _____

AUTHOR: _____

PAGES: _____

STARTED: _____

FINISHED: _____

☆ ☆ ☆ ☆ ☆

FORMAT READ: EBOOK / PRINT / AUDIOBOOK

✔ SYNOPSIS/THINGS I LIKED:

_____
_____
_____
_____

🚫 THINGS I DIDN'T LIKE:

_____
_____
_____
_____

✏️ FAVORITE QUOTE(S):

_____
_____
_____
_____
_____
_____
_____

TITLE: _____

SERIES: _____

AUTHOR: _____

PAGES: _____

STARTED: _____

FINISHED: _____

☆☆☆☆☆

🔥🔥🔥🔥🔥

FORMAT READ: EBOOK / PRINT / AUDIOBOOK

✅ **SYNOPSIS/THINGS I LIKED:**

_____
_____
_____
_____

🚫 **THINGS I DIDN'T LIKE:**

_____
_____
_____
_____

✏️ **FAVORITE QUOTE(S):**

_____
_____
_____
_____
_____
_____

✅ **SYNOPSIS/THINGS I LIKED:**

_____

_____

_____

_____

_____

🚫 **THINGS I DIDN'T LIKE:**

_____

_____

_____

_____

✏️ **FAVORITE QUOTE(S):**

_____

_____

_____

_____

_____

_____

_____

TITLE: _____

SERIES: _____

AUTHOR: _____

PAGES: _____

STARTED: _____

FINISHED: _____

☆ ☆ ☆ ☆ ☆

FORMAT READ: EBOOK / PRINT / AUDIOBOOK 87

☑ **SYNOPSIS/THINGS I LIKED:**

_____
_____
_____
_____
_____

🚫 **THINGS I DIDN'T LIKE:**

_____
_____
_____
_____
_____

✎ **FAVORITE QUOTE(S):**

_____
_____
_____
_____
_____
_____
_____

TITLE: _____

SERIES: _____

AUTHOR: _____

PAGES: _____

STARTED: _____

FINISHED: _____

☆ ☆ ☆ ☆ ☆

FORMAT READ: EBOOK / PRINT / AUDIOBOOK

TITLE: _____

SERIES: _____

AUTHOR: _____

PAGES: _____

STARTED: _____

FINISHED: _____

☆ ☆ ☆ ☆ ☆

🔥 🔥 🔥 🔥 🔥

FORMAT READ: EBOOK / PRINT / AUDIOBOOK

✓ **SYNOPSIS/THINGS I LIKED:**

_____
_____
_____
_____

🚫 **THINGS I DIDN'T LIKE:**

_____
_____
_____
_____

✎ **FAVORITE QUOTE(S):**

_____
_____
_____
_____
_____
_____
_____

TITLE: _____

SERIES: _____

AUTHOR: _____

PAGES: _____

STARTED: _____

FINISHED: _____

☆ ☆ ☆ ☆ ☆

FORMAT READ: EBOOK / PRINT / AUDIOBOOK

SYNOPSIS/THINGS I LIKED:
_____
_____
_____
_____

THINGS I DIDN'T LIKE:
_____
_____
_____
_____

FAVORITE QUOTE(S):
_____
_____
_____
_____
_____
_____
_____

✓ **SYNOPSIS/THINGS I LIKED:**

_____
_____
_____
_____
_____

🚫 **THINGS I DIDN'T LIKE:**

_____
_____
_____
_____

✏️ **FAVORITE QUOTE(S):**

_____
_____
_____
_____
_____
_____
_____

TITLE: _____

SERIES: _____

AUTHOR: _____

PAGES: _____

STARTED: _____

FINISHED: _____

☆ ☆ ☆ ☆ ☆

☑ **SYNOPSIS/THINGS I LIKED:**

_____

_____

_____

_____

🚫 **THINGS I DIDN'T LIKE:**

_____

_____

_____

_____

📝 **FAVORITE QUOTE(S):**

_____

_____

_____

_____

_____

_____

TITLE: _____

SERIES: _____

AUTHOR: _____

PAGES: _____

STARTED: _____

FINISHED: _____

☆ ☆ ☆ ☆ ☆

🔥 🔥 🔥 🔥 🔥

FORMAT READ: EBOOK / PRINT / AUDIOBOOK

TITLE: _____

SERIES: _____

AUTHOR: _____

PAGES: _____

STARTED: _____

FINISHED: _____

☆ ☆ ☆ ☆ ☆

FORMAT READ: EBOOK / PRINT / AUDIOBOOK

☑ SYNOPSIS/THINGS I LIKED:
_____
_____
_____
_____

🚫 THINGS I DIDN'T LIKE:
_____
_____
_____
_____
_____

📝 FAVORITE QUOTE(S):
_____
_____
_____
_____
_____
_____
_____

TITLE: _____

SERIES: _____

AUTHOR: _____

PAGES: _____

STARTED: _____

FINISHED: _____

☆ ☆ ☆ ☆ ☆

FORMAT READ: EBOOK / PRINT / AUDIOBOOK

✓ **SYNOPSIS/THINGS I LIKED:**

_____
_____
_____
_____

🚫 **THINGS I DIDN'T LIKE:**

_____
_____
_____
_____
_____

✏️ **FAVORITE QUOTE(S):**

_____
_____
_____
_____
_____
_____
_____

✅ **SYNOPSIS/THINGS I LIKED:**

_____
_____
_____
_____
_____

🚫 **THINGS I DIDN'T LIKE:**

_____
_____
_____
_____

✏️ **FAVORITE QUOTE(S):**

_____
_____
_____
_____
_____
_____
_____

TITLE: _____

SERIES: _____

AUTHOR: _____

PAGES: _____

STARTED: _____

FINISHED: _____

☆ ☆ ☆ ☆ ☆

✓ **SYNOPSIS/THINGS I LIKED:**

_____

_____

_____

_____

_____

🚫 **THINGS I DIDN'T LIKE:**

_____

_____

_____

_____

📝 **FAVORITE QUOTE(S):**

_____

_____

_____

_____

_____

_____

_____

TITLE: _____

SERIES: _____

AUTHOR: _____

PAGES: _____

STARTED: _____

FINISHED: _____

☆ ☆ ☆ ☆ ☆

FORMAT READ: EBOOK / PRINT / AUDIOBOOK

TITLE: _____

SERIES: _____

AUTHOR: _____

PAGES: _____

STARTED: _____

FINISHED: _____

☆ ☆ ☆ ☆ ☆

FORMAT READ: EBOOK / PRINT / AUDIOBOOK

✔️ **SYNOPSIS/THINGS I LIKED:**

_____
_____
_____
_____
_____

🚫 **THINGS I DIDN'T LIKE:**

_____
_____
_____
_____
_____

📝 **FAVORITE QUOTE(S):**

_____
_____
_____
_____
_____
_____
_____
_____

TITLE: _____

SERIES: _____

AUTHOR: _____

PAGES: _____

STARTED: _____

FINISHED: _____

☆ ☆ ☆ ☆ ☆

FORMAT READ: EBOOK / PRINT / AUDIOBOOK

✔ **SYNOPSIS/THINGS I LIKED:**

_____
_____
_____
_____

🚫 **THINGS I DIDN'T LIKE:**

_____
_____
_____
_____

✎ **FAVORITE QUOTE(S):**

_____
_____
_____
_____
_____
_____
_____

☑ **SYNOPSIS/THINGS I LIKED:**

_____

_____

_____

_____

_____

🚫 **THINGS I DIDN'T LIKE:**

_____

_____

_____

_____

✎ **FAVORITE QUOTE(S):**

_____

_____

_____

_____

_____

_____

_____

TITLE: _____

SERIES: _____

AUTHOR: _____

PAGES: _____

STARTED: _____

FINISHED: _____

☆ ☆ ☆ ☆ ☆

FORMAT READ: EBOOK / PRINT / AUDIOBOOK

✔ **SYNOPSIS/THINGS I LIKED:**

_____
_____
_____
_____

🚫 **THINGS I DIDN'T LIKE:**

_____
_____
_____
_____

📝 **FAVORITE QUOTE(S):**

_____
_____
_____
_____
_____
_____

TITLE: _____

SERIES: _____

AUTHOR: _____

PAGES: _____

STARTED: _____

FINISHED: _____

☆ ☆ ☆ ☆ ☆

FORMAT READ: EBOOK / PRINT / AUDIOBOOK

TITLE: _____

SERIES: _____

AUTHOR: _____

PAGES: _____

STARTED: _____

FINISHED: _____

☆ ☆ ☆ ☆ ☆

🔥 🔥 🔥 🔥 🔥

FORMAT READ: EBOOK / PRINT / AUDIOBOOK

✓ **SYNOPSIS/THINGS I LIKED:**

_____
_____
_____
_____
_____

🚫 **THINGS I DIDN'T LIKE:**

_____
_____
_____
_____
_____

✎ **FAVORITE QUOTE(S):**

_____
_____
_____
_____
_____
_____
_____

TITLE: _____

SERIES: _____

AUTHOR: _____

PAGES: _____

STARTED: _____

FINISHED: _____

☆ ☆ ☆ ☆ ☆

FORMAT READ: EBOOK / PRINT / AUDIOBOOK

✓ **SYNOPSIS/THINGS I LIKED:**

_____
_____
_____
_____

🚫 **THINGS I DIDN'T LIKE:**

_____
_____
_____
_____

✎ **FAVORITE QUOTE(S):**

_____
_____
_____
_____
_____
_____
_____

✓ **SYNOPSIS/THINGS I LIKED:** _____
_____
_____
_____
_____

🚫 **THINGS I DIDN'T LIKE:** _____
_____
_____
_____
_____

✏️ **FAVORITE QUOTE(S):** _____
_____
_____
_____
_____
_____
_____

TITLE: _____

SERIES: _____

AUTHOR: _____

PAGES: _____

STARTED: _____

FINISHED: _____

☆ ☆ ☆ ☆ ☆

FORMAT READ: EBOOK / PRINT / AUDIOBOOK

✓ **SYNOPSIS/THINGS I LIKED:**

_____
_____
_____
_____

🚫 **THINGS I DIDN'T LIKE:**

_____
_____
_____
_____

✏️ **FAVORITE QUOTE(S):**

_____
_____
_____
_____
_____
_____

TITLE: _____

SERIES: _____

AUTHOR: _____

PAGES: _____

STARTED: _____

FINISHED: _____

☆ ☆ ☆ ☆ ☆

FORMAT READ: EBOOK / PRINT / AUDIOBOOK

104

TITLE: _____

SERIES: _____

AUTHOR: _____

PAGES: _____

STARTED: _____

FINISHED: _____

☆ ☆ ☆ ☆ ☆

FORMAT READ: EBOOK / PRINT / AUDIOBOOK

✓ **SYNOPSIS/THINGS I LIKED:**

_____
_____
_____
_____

🚫 **THINGS I DIDN'T LIKE:**

_____
_____
_____
_____

✎ **FAVORITE QUOTE(S):**

_____
_____
_____
_____
_____
_____

TITLE: _____

SERIES: _____

AUTHOR: _____

PAGES: _____

STARTED: _____

FINISHED: _____

☆ ☆ ☆ ☆ ☆

FORMAT READ: EBOOK / PRINT / AUDIOBOOK

✓ **SYNOPSIS/THINGS I LIKED:**

_____
_____
_____
_____

🚫 **THINGS I DIDN'T LIKE:**

_____
_____
_____
_____

📝 **FAVORITE QUOTE(S):**

_____
_____
_____
_____
_____
_____

✔️ **SYNOPSIS/THINGS I LIKED:**

_____

_____

_____

_____

🚫 **THINGS I DIDN'T LIKE:**

_____

_____

_____

_____

✏️ **FAVORITE QUOTE(S):**

_____

_____

_____

_____

_____

_____

TITLE: _____

SERIES: _____

AUTHOR: _____

PAGES: _____

STARTED: _____

FINISHED: _____

☆ ☆ ☆ ☆ ☆

FORMAT READ: EBOOK / PRINT / AUDIOBOOK

107

✓ **SYNOPSIS/THINGS I LIKED:** _____
_____
_____
_____
_____

🚫 **THINGS I DIDN'T LIKE:** _____
_____
_____
_____

✏️ **FAVORITE QUOTE(S):** _____
_____
_____
_____
_____
_____

TITLE: _____

SERIES: _____

AUTHOR: _____

PAGES: _____

STARTED: _____

FINISHED: _____

☆ ☆ ☆ ☆ ☆

FORMAT READ: EBOOK / PRINT / AUDIOBOOK

TITLE: _____

SERIES: _____

AUTHOR: _____

PAGES: _____

STARTED: _____

FINISHED: _____

☆ ☆ ☆ ☆ ☆

FORMAT READ: EBOOK / PRINT / AUDIOBOOK

✓ SYNOPSIS/THINGS I LIKED:
_____
_____
_____
_____

🚫 THINGS I DIDN'T LIKE:
_____
_____
_____
_____

✏️ FAVORITE QUOTE(S):
_____
_____
_____
_____
_____
_____
_____

TITLE: _____

SERIES: _____

AUTHOR: _____

PAGES: _____

STARTED: _____

FINISHED: _____

☆ ☆ ☆ ☆ ☆

FORMAT READ: EBOOK / PRINT / AUDIOBOOK

✓ **SYNOPSIS/THINGS I LIKED:**

_____

_____

_____

_____

🚫 **THINGS I DIDN'T LIKE:**

_____

_____

_____

_____

✏️ **FAVORITE QUOTE(S):**

_____

_____

_____

_____

_____

_____

☑ **SYNOPSIS/THINGS I LIKED:**

_____

_____

_____

_____

🚫 **THINGS I DIDN'T LIKE:**

_____

_____

_____

_____

✏️ **FAVORITE QUOTE(S):**

_____

_____

_____

_____

_____

_____

TITLE: _____

SERIES: _____

AUTHOR: _____

PAGES: _____

STARTED: _____

FINISHED: _____

☆ ☆ ☆ ☆ ☆

FORMAT READ: EBOOK / PRINT / AUDIOBOOK

✓ SYNOPSIS/THINGS I LIKED: _____
_____
_____
_____

🚫 THINGS I DIDN'T LIKE: _____
_____
_____
_____

📝 FAVORITE QUOTE(S): _____
_____
_____
_____
_____
_____
_____

TITLE: _____

SERIES: _____

AUTHOR: _____

PAGES: _____

STARTED: _____

FINISHED: _____

☆ ☆ ☆ ☆ ☆

FORMAT READ: EBOOK / PRINT / AUDIOBOOK

TITLE: _____

SERIES: _____

AUTHOR: _____

PAGES: _____

STARTED: _____

FINISHED: _____

☆ ☆ ☆ ☆ ☆

FORMAT READ: EBOOK / PRINT / AUDIOBOOK

☑ SYNOPSIS/THINGS I LIKED:

_____
_____
_____
_____

🚫 THINGS I DIDN'T LIKE:

_____
_____
_____
_____

✏️ FAVORITE QUOTE(S):

_____
_____
_____
_____
_____
_____
_____

TITLE: _____

SERIES: _____

AUTHOR: _____

PAGES: _____

STARTED: _____

FINISHED: _____

☆ ☆ ☆ ☆ ☆

FORMAT READ: EBOOK / PRINT / AUDIOBOOK

✔ **SYNOPSIS/THINGS I LIKED:**

_____
_____
_____
_____

🚫 **THINGS I DIDN'T LIKE:**

_____
_____
_____
_____
_____

✏ **FAVORITE QUOTE(S):**

_____
_____
_____
_____
_____
_____
_____

☑ **SYNOPSIS/THINGS I LIKED:**

_____
_____
_____
_____
_____

🚫 **THINGS I DIDN'T LIKE:**

_____
_____
_____
_____

📝 **FAVORITE QUOTE(S):**

_____
_____
_____
_____
_____
_____

TITLE: _____

SERIES: _____

AUTHOR: _____

PAGES: _____

STARTED: _____

FINISHED: _____

☆ ☆ ☆ ☆ ☆

FORMAT READ: EBOOK / PRINT / AUDIOBOOK

✓ **SYNOPSIS/THINGS I LIKED:**

_____
_____
_____
_____

🚫 **THINGS I DIDN'T LIKE:**

_____
_____
_____
_____

📝 **FAVORITE QUOTE(S):**

_____
_____
_____
_____
_____
_____

TITLE: _____

SERIES: _____

AUTHOR: _____

PAGES: _____

STARTED: _____

FINISHED: _____

☆ ☆ ☆ ☆ ☆

FORMAT READ: EBOOK / PRINT / AUDIOBOOK

TITLE: _____

SERIES: _____

AUTHOR: _____

PAGES: _____

STARTED: _____

FINISHED: _____

☆ ☆ ☆ ☆ ☆

FORMAT READ: EBOOK / PRINT / AUDIOBOOK

✔ **SYNOPSIS/THINGS I LIKED:**

_____
_____
_____
_____

🚫 **THINGS I DIDN'T LIKE:**

_____
_____
_____
_____
_____

✎ **FAVORITE QUOTE(S):**

_____
_____
_____
_____
_____
_____
_____

TITLE: _____

SERIES: _____

AUTHOR: _____

PAGES: _____

STARTED: _____

FINISHED: _____

☆ ☆ ☆ ☆ ☆

FORMAT READ: EBOOK / PRINT / AUDIOBOOK

☑ **SYNOPSIS/THINGS I LIKED:**

_____
_____
_____
_____

🚫 **THINGS I DIDN'T LIKE:**

_____
_____
_____
_____

📝 **FAVORITE QUOTE(S):**

_____
_____
_____
_____
_____
_____

_____
_____
_____
_____

🚫 **THINGS I DIDN'T LIKE:**

_____
_____
_____
_____

📓 **FAVORITE QUOTE(S):**

_____
_____
_____
_____
_____
_____

TITLE: _____

SERIES: _____

AUTHOR: _____

PAGES: _____

STARTED: _____

FINISHED: _____

☆ ☆ ☆ ☆ ☆

FORMAT READ: EBOOK / PRINT / AUDIOBOOK

TITLE: _____

SERIES: _____

AUTHOR: _____

PAGES: _____

STARTED: _____

FINISHED: _____

☆ ☆ ☆ ☆ ☆

FORMAT READ: EBOOK / PRINT / AUDIOBOOK

✓ **SYNOPSIS/THINGS I LIKED:**

_____
_____
_____
_____

🚫 **THINGS I DIDN'T LIKE:**

_____
_____
_____
_____

✎ **FAVORITE QUOTE(S):**

_____
_____
_____
_____
_____
_____

TITLE: _____

SERIES: _____

AUTHOR: _____

PAGES: _____

STARTED: _____

FINISHED: _____

☆ ☆ ☆ ☆ ☆

FORMAT READ: EBOOK / PRINT / AUDIOBOOK

☑ **SYNOPSIS/THINGS I LIKED:**

_____
_____
_____
_____

🚫 **THINGS I DIDN'T LIKE:**

_____
_____
_____
_____

📝 **FAVORITE QUOTE(S):**

_____
_____
_____
_____
_____
_____
_____

✓ **SYNOPSIS/THINGS I LIKED:** _____
_____
_____
_____
_____

🚫 **THINGS I DIDN'T LIKE:** _____
_____
_____
_____
_____

✏️ **FAVORITE QUOTE(S):** _____
_____
_____
_____
_____
_____
_____

TITLE: _____

SERIES: _____

AUTHOR: _____

PAGES: _____

STARTED: _____

FINISHED: _____

☆ ☆ ☆ ☆ ☆

FORMAT READ: EBOOK / PRINT / AUDIOBOOK

123

☑ **Synopsis/Things I liked:**

_____
_____
_____
_____
_____

🚫 **Things I didn't like:**

_____
_____
_____
_____

✏️ **Favorite quote(s):**

_____
_____
_____
_____
_____
_____
_____

Title: _____

Series: _____

Author: _____

Pages: _____

Started: _____

Finished: _____

☆ ☆ ☆ ☆ ☆

Format read: Ebook / Print / Audiobook

TITLE: _____

SERIES: _____

AUTHOR: _____

PAGES: _____

STARTED: _____

FINISHED: _____

☆ ☆ ☆ ☆ ☆

🔥 🔥 🔥 🔥 🔥

FORMAT READ: EBOOK / PRINT / AUDIOBOOK

✔️ **SYNOPSIS/THINGS I LIKED:**

_____
_____
_____
_____
_____

🚫 **THINGS I DIDN'T LIKE:**

_____
_____
_____
_____
_____

✎ **FAVORITE QUOTE(S):**

_____
_____
_____
_____
_____
_____
_____

TITLE: _____

SERIES: _____

AUTHOR: _____

PAGES: _____

STARTED: _____

FINISHED: _____

☆ ☆ ☆ ☆ ☆

FORMAT READ: EBOOK / PRINT / AUDIOBOOK

✓ **SYNOPSIS/THINGS I LIKED:**

_____
_____
_____
_____

🚫 **THINGS I DIDN'T LIKE:**

_____
_____
_____
_____
_____

✎ **FAVORITE QUOTE(S):**

_____
_____
_____
_____
_____
_____
_____

✓ **SYNOPSIS/THINGS I LIKED:** _____
_____
_____
_____
_____

🚫 **THINGS I DIDN'T LIKE:** _____
_____
_____
_____
_____

🖊 **FAVORITE QUOTE(S):** _____
_____
_____
_____
_____
_____
_____
_____

TITLE: _____

SERIES: _____

AUTHOR: _____

PAGES: _____

STARTED: _____

FINISHED: _____

☆ ☆ ☆ ☆ ☆

FORMAT READ: EBOOK / PRINT / AUDIOBOOK

☑ **SYNOPSIS/THINGS I LIKED:**

_____

_____

_____

_____

🚫 **THINGS I DIDN'T LIKE:**

_____

_____

_____

_____

📝 **FAVORITE QUOTE(S):**

_____

_____

_____

_____

_____

_____

_____

TITLE: _____

SERIES: _____

AUTHOR: _____

PAGES: _____

STARTED: _____

FINISHED: _____

☆ ☆ ☆ ☆ ☆

FORMAT READ: EBOOK / PRINT / AUDIOBOOK

TITLE: _____

SERIES: _____

AUTHOR: _____

PAGES: _____

STARTED: _____

FINISHED: _____

☆ ☆ ☆ ☆ ☆

FORMAT READ: EBOOK / PRINT / AUDIOBOOK

✅ **SYNOPSIS/THINGS I LIKED:**

_____
_____
_____
_____

🚫 **THINGS I DIDN'T LIKE:**

_____
_____
_____
_____
_____

✏️ **FAVORITE QUOTE(S):**

_____
_____
_____
_____
_____
_____
_____

TITLE: _____

SERIES: _____

AUTHOR: _____

PAGES: _____

STARTED: _____

FINISHED: _____

☆ ☆ ☆ ☆ ☆

FORMAT READ: EBOOK / PRINT / AUDIOBOOK

✓ **SYNOPSIS/THINGS I LIKED:**

_____
_____
_____
_____

🚫 **THINGS I DIDN'T LIKE:**

_____
_____
_____
_____

📝 **FAVORITE QUOTE(S):**

_____
_____
_____
_____
_____
_____

☑ **SYNOPSIS/THINGS I LIKED:**

_____
_____
_____
_____
_____

🚫 **THINGS I DIDN'T LIKE:**

_____
_____
_____
_____

✎ **FAVORITE QUOTE(S):**

_____
_____
_____
_____
_____
_____

TITLE: _____

SERIES: _____

AUTHOR: _____

PAGES: _____

STARTED: _____

FINISHED: _____

☆ ☆ ☆ ☆ ☆

FORMAT READ: EBOOK / PRINT / AUDIOBOOK

☑ **SYNOPSIS/THINGS I LIKED:**

_____
_____
_____
_____
_____

🚫 **THINGS I DIDN'T LIKE:**

_____
_____
_____
_____

✏️ **FAVORITE QUOTE(S):**

_____
_____
_____
_____
_____
_____

TITLE: _____

SERIES: _____

AUTHOR: _____

PAGES: _____

STARTED: _____

FINISHED: _____

☆ ☆ ☆ ☆ ☆

FORMAT READ: EBOOK / PRINT / AUDIOBOOK

TITLE: _____

SERIES: _____

AUTHOR: _____

PAGES: _____

STARTED: _____

FINISHED: _____

☆ ☆ ☆ ☆ ☆

FORMAT READ: EBOOK / PRINT / AUDIOBOOK

✔️ **SYNOPSIS/THINGS I LIKED:**

_____
_____
_____
_____

🚫 **THINGS I DIDN'T LIKE:**

_____
_____
_____
_____

📝 **FAVORITE QUOTE(S):**

_____
_____
_____
_____
_____
_____
_____

TITLE: _____

SERIES: _____

AUTHOR: _____

PAGES: _____

STARTED: _____

FINISHED: _____

☆ ☆ ☆ ☆ ☆

FORMAT READ: EBOOK / PRINT / AUDIOBOOK

✓ **SYNOPSIS/THINGS I LIKED:**

_____
_____
_____
_____

🚫 **THINGS I DIDN'T LIKE:**

_____
_____
_____
_____

✎ **FAVORITE QUOTE(S):**

_____
_____
_____
_____
_____
_____
_____

SYNOPSIS/THINGS I LIKED:

_____

_____

_____

_____

_____

🚫 **THINGS I DIDN'T LIKE:**

_____

_____

_____

_____

✏️ **FAVORITE QUOTE(S):**

_____

_____

_____

_____

_____

_____

_____

TITLE: _____

SERIES: _____

AUTHOR: _____

PAGES: _____

STARTED: _____

FINISHED: _____

☆ ☆ ☆ ☆ ☆

FORMAT READ: EBOOK / PRINT / AUDIOBOOK

135

_____
_____
_____
_____

🚫 **THINGS I DIDN'T LIKE:** _____
_____
_____
_____

✏️ **FAVORITE QUOTE(S):** _____
_____
_____
_____
_____
_____

TITLE: _____

SERIES: _____

AUTHOR: _____

PAGES: _____

STARTED: _____

FINISHED: _____

☆ ☆ ☆ ☆ ☆

FORMAT READ: EBOOK / PRINT / AUDIOBOOK

TITLE: _____

SERIES: _____

AUTHOR: _____

PAGES: _____

STARTED: _____

FINISHED: _____

☆ ☆ ☆ ☆ ☆

FORMAT READ: EBOOK / PRINT / AUDIOBOOK

☑ **SYNOPSIS/THINGS I LIKED:**

_____
_____
_____
_____

🚫 **THINGS I DIDN'T LIKE:**

_____
_____
_____
_____

📝 **FAVORITE QUOTE(S):**

_____
_____
_____
_____
_____
_____
_____

TITLE: _____

SERIES: _____

AUTHOR: _____

PAGES: _____

STARTED: _____

FINISHED: _____

☆ ☆ ☆ ☆ ☆

🔥 🔥 🔥 🔥 🔥

FORMAT READ: EBOOK / PRINT / AUDIOBOOK

✅ **SYNOPSIS/THINGS I LIKED:**

_____
_____
_____
_____

🚫 **THINGS I DIDN'T LIKE:**

_____
_____
_____
_____

📝 **FAVORITE QUOTE(S):**

_____
_____
_____
_____
_____
_____

☑ **SYNOPSIS/THINGS I LIKED:** _____
_____
_____
_____
_____

🚫 **THINGS I DIDN'T LIKE:** _____
_____
_____
_____
_____

📝 **FAVORITE QUOTE(S):** _____
_____
_____
_____
_____
_____
_____
_____

TITLE: _____

SERIES: _____

AUTHOR: _____

PAGES: _____

STARTED: _____

FINISHED: _____

☆ ☆ ☆ ☆ ☆

FORMAT READ: EBOOK / PRINT / AUDIOBOOK

✓ **SYNOPSIS/THINGS I LIKED:**

_____
_____
_____
_____
_____

🚫 **THINGS I DIDN'T LIKE:**

_____
_____
_____
_____

✏️ **FAVORITE QUOTE(S):**

_____
_____
_____
_____
_____
_____
_____

TITLE: _____

SERIES: _____

AUTHOR: _____

PAGES: _____

STARTED: _____

FINISHED: _____

☆ ☆ ☆ ☆ ☆

FORMAT READ: EBOOK / PRINT / AUDIOBOOK

TITLE:

SERIES:

AUTHOR:

PAGES:

STARTED:

FINISHED:

☆ ☆ ☆ ☆ ☆

FORMAT READ: EBOOK / PRINT / AUDIOBOOK

✓ SYNOPSIS/THINGS I LIKED:

🚫 THINGS I DIDN'T LIKE:

✏️ FAVORITE QUOTE(S):

TITLE: _____

SERIES: _____

AUTHOR: _____

PAGES: _____

STARTED: _____

FINISHED: _____

☆ ☆ ☆ ☆ ☆

FORMAT READ: EBOOK / PRINT / AUDIOBOOK

✓ **SYNOPSIS/THINGS I LIKED:**

_____
_____
_____
_____

🚫 **THINGS I DIDN'T LIKE:**

_____
_____
_____
_____

✏️ **FAVORITE QUOTE(S):**

_____
_____
_____
_____
_____
_____
_____

✅ **Synopsis/Things I liked:**

_____

_____

_____

_____

🚫 **Things I didn't like:**

_____

_____

_____

_____

📝 **Favorite quote(s):**

_____

_____

_____

_____

_____

_____

Title: _____

Series: _____

Author: _____

Pages: _____

Started: _____

Finished: _____

☆ ☆ ☆ ☆ ☆

Format read: Ebook / Print / Audiobook

✓ **SYNOPSIS/THINGS I LIKED:**

_____

_____

_____

_____

🚫 **THINGS I DIDN'T LIKE:**

_____

_____

_____

_____

✏️ **FAVORITE QUOTE(S):**

_____

_____

_____

_____

_____

_____

_____

TITLE: _____

SERIES: _____

AUTHOR: _____

PAGES: _____

STARTED: _____

FINISHED: _____

☆ ☆ ☆ ☆ ☆

FORMAT READ: EBOOK / PRINT / AUDIOBOOK

TITLE: _____

SERIES: _____

AUTHOR: _____

PAGES: _____

STARTED: _____

FINISHED: _____

☆ ☆ ☆ ☆ ☆

FORMAT READ: EBOOK / PRINT / AUDIOBOOK

✓ **SYNOPSIS/THINGS I LIKED:**

_____
_____
_____
_____

🚫 **THINGS I DIDN'T LIKE:**

_____
_____
_____
_____

✎ **FAVORITE QUOTE(S):**

_____
_____
_____
_____
_____
_____

TITLE: _____

SERIES: _____

AUTHOR: _____

PAGES: _____

STARTED: _____

FINISHED: _____

☆ ☆ ☆ ☆ ☆

FORMAT READ: EBOOK / PRINT / AUDIOBOOK

✓ **SYNOPSIS/THINGS I LIKED:**

_____
_____
_____
_____

🚫 **THINGS I DIDN'T LIKE:**

_____
_____
_____
_____

✎ **FAVORITE QUOTE(S):**

_____
_____
_____
_____
_____
_____
_____

✓ **SYNOPSIS/THINGS I LIKED:**

_____
_____
_____
_____

🚫 **THINGS I DIDN'T LIKE:**

_____
_____
_____
_____

✏️ **FAVORITE QUOTE(S):**

_____
_____
_____
_____
_____
_____
_____

TITLE: _____

SERIES: _____

AUTHOR: _____

PAGES: _____

STARTED: _____

FINISHED: _____

☆ ☆ ☆ ☆ ☆

FORMAT READ: EBOOK / PRINT / AUDIOBOOK

🚫 **THINGS I DIDN'T LIKE:**

📝 **FAVORITE QUOTE(S):**

TITLE:

SERIES:

AUTHOR:

PAGES:

STARTED:

FINISHED:

☆ ☆ ☆ ☆ ☆

FORMAT READ: EBOOK / PRINT / AUDIOBOOK

TITLE: _____

SERIES: _____

AUTHOR: _____

PAGES: _____

STARTED: _____

FINISHED: _____

☆ ☆ ☆ ☆ ☆

🔥 🔥 🔥 🔥 🔥

FORMAT READ: EBOOK / PRINT / AUDIOBOOK

✅ **SYNOPSIS/THINGS I LIKED:**

_____
_____
_____
_____
_____

🚫 **THINGS I DIDN'T LIKE:**

_____
_____
_____
_____
_____

✏️ **FAVORITE QUOTE(S):**

_____
_____
_____
_____
_____
_____
_____
_____

TITLE: _____

SERIES: _____

AUTHOR: _____

PAGES: _____

STARTED: _____

FINISHED: _____

☆☆☆☆☆

🔥🔥🔥🔥🔥

FORMAT READ: EBOOK / PRINT / AUDIOBOOK

✓ **SYNOPSIS/THINGS I LIKED:**

_____
_____
_____
_____

🚫 **THINGS I DIDN'T LIKE:**

_____
_____
_____
_____
_____

📝 **FAVORITE QUOTE(S):**

_____
_____
_____
_____
_____
_____
_____

☑ **SYNOPSIS/THINGS I LIKED:**

_____
_____
_____
_____

🚫 **THINGS I DIDN'T LIKE:**

_____
_____
_____
_____

✏️ **FAVORITE QUOTE(S):**

_____
_____
_____
_____
_____
_____

TITLE: _____

SERIES: _____

AUTHOR: _____

PAGES: _____

STARTED: _____

FINISHED: _____

☆ ☆ ☆ ☆ ☆

FORMAT READ: EBOOK / PRINT / AUDIOBOOK

✓ Synopsis/Things I liked:

_____

_____

_____

_____

🚫 Things I didn't like:

_____

_____

_____

_____

📝 Favorite quote(s):

_____

_____

_____

_____

_____

_____

TITLE: _____

SERIES: _____

AUTHOR: _____

PAGES: _____

STARTED: _____

FINISHED: _____

☆ ☆ ☆ ☆ ☆

FORMAT READ: EBOOK / PRINT / AUDIOBOOK

TITLE: _____

SERIES: _____

AUTHOR: _____

PAGES: _____

STARTED: _____

FINISHED: _____

☆☆☆☆☆

FORMAT READ: EBOOK / PRINT / AUDIOBOOK

✓ **SYNOPSIS/THINGS I LIKED:**

_____
_____
_____
_____

🚫 **THINGS I DIDN'T LIKE:**

_____
_____
_____
_____

📝 **FAVORITE QUOTE(S):**

_____
_____
_____
_____
_____
_____
_____

TITLE: _____

SERIES: _____

AUTHOR: _____

PAGES: _____

STARTED: _____

FINISHED: _____

☆ ☆ ☆ ☆ ☆

🔥 🔥 🔥 🔥 🔥

FORMAT READ: EBOOK / PRINT / AUDIOBOOK

✅ **SYNOPSIS/THINGS I LIKED:**

_____
_____
_____
_____

🚫 **THINGS I DIDN'T LIKE:**

_____
_____
_____
_____

📝 **FAVORITE QUOTE(S):**

_____
_____
_____
_____
_____
_____

☑ **Synopsis/Things I liked:**

_____
_____
_____
_____

🚫 **Things I didn't like:**

_____
_____
_____
_____

🖊 **Favorite quote(s):**

_____
_____
_____
_____
_____
_____

Title: _____

Series: _____

Author: _____

Pages: _____

Started: _____

Finished: _____

☆ ☆ ☆ ☆ ☆

Format read: Ebook / Print / Audiobook

☑ **Synopsis/Things I liked:**

_____

_____

_____

_____

🚫 **Things I didn't like:**

_____

_____

_____

_____

📝 **Favorite quote(s):**

_____

_____

_____

_____

_____

_____

Title: _____

Series: _____

Author: _____

Pages: _____

Started: _____

Finished: _____

☆ ☆ ☆ ☆ ☆

Format read: Ebook / Print / Audiobook

TITLE: _____

SERIES: _____

AUTHOR: _____

PAGES: _____

STARTED: _____

FINISHED: _____

☆ ☆ ☆ ☆ ☆

FORMAT READ: EBOOK / PRINT / AUDIOBOOK

✓ **SYNOPSIS/THINGS I LIKED:**

_____
_____
_____
_____

🚫 **THINGS I DIDN'T LIKE:**

_____
_____
_____
_____

📝 **FAVORITE QUOTE(S):**

_____
_____
_____
_____
_____
_____
_____

TITLE: _____

SERIES: _____

AUTHOR: _____

PAGES: _____

STARTED: _____

FINISHED: _____

☆ ☆ ☆ ☆ ☆

🔥 🔥 🔥 🔥 🔥

FORMAT READ: EBOOK / PRINT / AUDIOBOOK

✅ **SYNOPSIS/THINGS I LIKED:**

_____
_____
_____
_____
_____

🚫 **THINGS I DIDN'T LIKE:**

_____
_____
_____
_____
_____

📝 **FAVORITE QUOTE(S):**

_____
_____
_____
_____
_____
_____
_____

✓ **SYNOPSIS/THINGS I LIKED:**

_____

_____

_____

_____

🚫 **THINGS I DIDN'T LIKE:**

_____

_____

_____

_____

✎ **FAVORITE QUOTE(S):**

_____

_____

_____

_____

_____

_____

_____

TITLE: _____

SERIES: _____

AUTHOR: _____

PAGES: _____

STARTED: _____

FINISHED: _____

☆ ☆ ☆ ☆ ☆

FORMAT READ: EBOOK / PRINT / AUDIOBOOK

✓ **Synopsis/Things I liked:**

_____
_____
_____
_____

🚫 **Things I didn't like:**

_____
_____
_____
_____

✎ **Favorite quote(s):**

_____
_____
_____
_____
_____
_____

Title: _____

Series: _____

Author: _____

Pages: _____

Started: _____

Finished: _____

☆ ☆ ☆ ☆ ☆

Format read: Ebook / Print / Audiobook

TITLE: _____

SERIES: _____

AUTHOR: _____

PAGES: _____

STARTED: _____

FINISHED: _____

☆ ☆ ☆ ☆ ☆

🔥 🔥 🔥 🔥 🔥

FORMAT READ: EBOOK / PRINT / AUDIOBOOK

✅ **SYNOPSIS/THINGS I LIKED:**

_____
_____
_____
_____

🚫 **THINGS I DIDN'T LIKE:**

_____
_____
_____
_____

📝 **FAVORITE QUOTE(S):**

_____
_____
_____
_____
_____
_____
_____

TITLE: _____

SERIES: _____

AUTHOR: _____

PAGES: _____

STARTED: _____

FINISHED: _____

☆ ☆ ☆ ☆ ☆

🔥 🔥 🔥 🔥 🔥

FORMAT READ: EBOOK / PRINT / AUDIOBOOK

✔️ **SYNOPSIS/THINGS I LIKED:**

_____
_____
_____
_____

🚫 **THINGS I DIDN'T LIKE:**

_____
_____
_____
_____

✎ **FAVORITE QUOTE(S):**

_____
_____
_____
_____
_____
_____
_____

☑ **Synopsis/Things I liked:**

_____
_____
_____
_____

🚫 **Things I didn't like:**

_____
_____
_____
_____

✎ **Favorite quote(s):**

_____
_____
_____
_____
_____
_____
_____

Title: _____

Series: _____

Author: _____

Pages: _____

Started: _____

Finished: _____

☆ ☆ ☆ ☆ ☆

Format read: Ebook / Print / Audiobook

✓ **SYNOPSIS/THINGS I LIKED:**

_____

_____

_____

_____

⊘ **THINGS I DIDN'T LIKE:**

_____

_____

_____

_____

✎ **FAVORITE QUOTE(S):**

_____

_____

_____

_____

_____

_____

TITLE: _____

SERIES: _____

AUTHOR: _____

PAGES: _____

STARTED: _____

FINISHED: _____

☆ ☆ ☆ ☆ ☆

FORMAT READ: EBOOK / PRINT / AUDIOBOOK

TITLE: _____

SERIES: _____

AUTHOR: _____

PAGES: _____

STARTED: _____

FINISHED: _____

☆ ☆ ☆ ☆ ☆

🔥 🔥 🔥 🔥 🔥

FORMAT READ: EBOOK / PRINT / AUDIOBOOK

✓ **SYNOPSIS/THINGS I LIKED:**

_____
_____
_____
_____

🚫 **THINGS I DIDN'T LIKE:**

_____
_____
_____
_____

✏️ **FAVORITE QUOTE(S):**

_____
_____
_____
_____
_____
_____
_____

TITLE: _____

SERIES: _____

AUTHOR: _____

PAGES: _____

STARTED: _____

FINISHED: _____

☆ ☆ ☆ ☆ ☆

FORMAT READ: EBOOK / PRINT / AUDIOBOOK

✓ **SYNOPSIS/THINGS I LIKED:** _____
_____
_____
_____
_____

🚫 **THINGS I DIDN'T LIKE:** _____
_____
_____
_____
_____

✎ **FAVORITE QUOTE(S):** _____
_____
_____
_____
_____
_____
_____
_____

✓ **Synopsis/Things I liked:**

_____
_____
_____
_____

🚫 **Things I didn't like:**

_____
_____
_____
_____

✎ **Favorite quote(s):**

_____
_____
_____
_____
_____
_____

Title: _____

Series: _____

Author: _____

Pages: _____

Started: _____

Finished: _____

☆ ☆ ☆ ☆ ☆

Format read: Ebook / Print / Audiobook

☑ **Synopsis/Things I liked:**

_____
_____
_____
_____

🚫 **Things I didn't like:**

_____
_____
_____
_____

📝 **Favorite quote(s):**

_____
_____
_____
_____
_____
_____
_____

Title: _____

Series: _____

Author: _____

Pages: _____

Started: _____

Finished: _____

☆ ☆ ☆ ☆ ☆

Format read: Ebook / Print / Audiobook

TITLE: _____

SERIES: _____

AUTHOR: _____

PAGES: _____

STARTED: _____

FINISHED: _____

☆ ☆ ☆ ☆ ☆

FORMAT READ: EBOOK / PRINT / AUDIOBOOK

✓ SYNOPSIS/THINGS I LIKED:

_____
_____
_____
_____

🚫 THINGS I DIDN'T LIKE:

_____
_____
_____
_____

✎ FAVORITE QUOTE(S):

_____
_____
_____
_____
_____
_____
_____

TITLE: _____

SERIES: _____

AUTHOR: _____

PAGES: _____

STARTED: _____

FINISHED: _____

☆ ☆ ☆ ☆ ☆

🔥 🔥 🔥 🔥 🔥

FORMAT READ: EBOOK / PRINT / AUDIOBOOK

✓ **SYNOPSIS/THINGS I LIKED:**

_____
_____
_____
_____
_____

🚫 **THINGS I DIDN'T LIKE:**

_____
_____
_____
_____
_____

🖊 **FAVORITE QUOTE(S):**

_____
_____
_____
_____
_____
_____
_____

☑ **SYNOPSIS/THINGS I LIKED:** _____
_____
_____
_____
_____

🚫 **THINGS I DIDN'T LIKE:** _____
_____
_____
_____
_____

📝 **FAVORITE QUOTE(S):** _____
_____
_____
_____
_____
_____
_____
_____

TITLE: _____

SERIES: _____

AUTHOR: _____

PAGES: _____

STARTED: _____

FINISHED: _____

☆ ☆ ☆ ☆ ☆

FORMAT READ: EBOOK / PRINT / AUDIOBOOK

✅ **SYNOPSIS/THINGS I LIKED:**

_____
_____
_____
_____

🚫 **THINGS I DIDN'T LIKE:**

_____
_____
_____
_____

✏️ **FAVORITE QUOTE(S):**

_____
_____
_____
_____
_____
_____

TITLE: _____

SERIES: _____

AUTHOR: _____

PAGES: _____

STARTED: _____

FINISHED: _____

☆ ☆ ☆ ☆ ☆

FORMAT READ: EBOOK / PRINT / AUDIOBOOK

TITLE: _____

SERIES: _____

AUTHOR: _____

PAGES: _____

STARTED: _____

FINISHED: _____

☆ ☆ ☆ ☆ ☆

FORMAT READ: EBOOK / PRINT / AUDIOBOOK

✓ **SYNOPSIS/THINGS I LIKED:**

_____
_____
_____
_____
_____

🚫 **THINGS I DIDN'T LIKE:**

_____
_____
_____
_____
_____

✎ **FAVORITE QUOTE(S):**

_____
_____
_____
_____
_____
_____
_____
_____

TITLE: _____

SERIES: _____

AUTHOR: _____

PAGES: _____

STARTED: _____

FINISHED: _____

☆ ☆ ☆ ☆ ☆

FORMAT READ: EBOOK / PRINT / AUDIOBOOK

✓ **SYNOPSIS/THINGS I LIKED:**

_____
_____
_____
_____

🚫 **THINGS I DIDN'T LIKE:**

_____
_____
_____
_____
_____

✏️ **FAVORITE QUOTE(S):**

_____
_____
_____
_____
_____
_____
_____

174

✔ **SYNOPSIS/THINGS I LIKED:**

_____

_____

_____

_____

🚫 **THINGS I DIDN'T LIKE:**

_____

_____

_____

✏️ **FAVORITE QUOTE(S):**

_____

_____

_____

_____

_____

_____

TITLE: _____

SERIES: _____

AUTHOR: _____

PAGES: _____

STARTED: _____

FINISHED: _____

☆ ☆ ☆ ☆ ☆

FORMAT READ: EBOOK / PRINT / AUDIOBOOK

175

✔️ **SYNOPSIS/THINGS I LIKED:**

_____
_____
_____
_____

🚫 **THINGS I DIDN'T LIKE:**

_____
_____
_____
_____

✏️ **FAVORITE QUOTE(S):**

_____
_____
_____
_____
_____
_____

TITLE: _____

SERIES: _____

AUTHOR: _____

PAGES: _____

STARTED: _____

FINISHED: _____

☆ ☆ ☆ ☆ ☆

FORMAT READ: EBOOK / PRINT / AUDIOBOOK

TITLE: _____

SERIES: _____

AUTHOR: _____

PAGES: _____

STARTED: _____

FINISHED: _____

☆ ☆ ☆ ☆ ☆

FORMAT READ: EBOOK / PRINT / AUDIOBOOK

✔ **SYNOPSIS/THINGS I LIKED:**

_____
_____
_____
_____

🚫 **THINGS I DIDN'T LIKE:**

_____
_____
_____
_____
_____

✎ **FAVORITE QUOTE(S):**

_____
_____
_____
_____
_____
_____
_____

TITLE: _____

SERIES: _____

AUTHOR: _____

PAGES: _____

STARTED: _____

FINISHED: _____

☆ ☆ ☆ ☆ ☆

🔥 🔥 🔥 🔥 🔥

FORMAT READ: EBOOK / PRINT / AUDIOBOOK

✓ **SYNOPSIS/THINGS I LIKED:**

_____
_____
_____
_____

🚫 **THINGS I DIDN'T LIKE:**

_____
_____
_____
_____

✎ **FAVORITE QUOTE(S):**

_____
_____
_____
_____
_____
_____
_____

☑ **Synopsis/Things I liked:**

_____
_____
_____
_____

🚫 **Things I didn't like:**

_____
_____
_____
_____

✎ **Favorite quote(s):**

_____
_____
_____
_____
_____
_____

Title: _____

Series: _____

Author: _____

Pages: _____

Started: _____

Finished: _____

☆ ☆ ☆ ☆ ☆

Format read: Ebook / Print / Audiobook

☑ **SYNOPSIS/THINGS I LIKED:**

_____
_____
_____
_____
_____

🚫 **THINGS I DIDN'T LIKE:**

_____
_____
_____
_____

✎ **FAVORITE QUOTE(S):**

_____
_____
_____
_____
_____
_____
_____

TITLE: _____

SERIES: _____

AUTHOR: _____

PAGES: _____

STARTED: _____

FINISHED: _____

☆ ☆ ☆ ☆ ☆

FORMAT READ: EBOOK / PRINT / AUDIOBOOK

TITLE: _____

SERIES: _____

AUTHOR: _____

PAGES: _____

STARTED: _____

FINISHED: _____

☆ ☆ ☆ ☆ ☆

FORMAT READ: EBOOK / PRINT / AUDIOBOOK

☑ **SYNOPSIS/THINGS I LIKED:**

_____
_____
_____
_____

🚫 **THINGS I DIDN'T LIKE:**

_____
_____
_____
_____
_____

✎ **FAVORITE QUOTE(S):**

_____
_____
_____
_____
_____
_____
_____

TITLE: _____

SERIES: _____

AUTHOR: _____

PAGES: _____

STARTED: _____

FINISHED: _____

☆☆☆☆☆

FORMAT READ: EBOOK / PRINT / AUDIOBOOK

✔ **SYNOPSIS/THINGS I LIKED:**

_____
_____
_____
_____

🚫 **THINGS I DIDN'T LIKE:**

_____
_____
_____
_____

📝 **FAVORITE QUOTE(S):**

_____
_____
_____
_____
_____
_____
_____
_____

☑ **SYNOPSIS/THINGS I LIKED:**

_____

_____

_____

_____

🚫 **THINGS I DIDN'T LIKE:**

_____

_____

_____

_____

✎ **FAVORITE QUOTE(S):**

_____

_____

_____

_____

_____

_____

TITLE: _____

SERIES: _____

AUTHOR: _____

PAGES: _____

STARTED: _____

FINISHED: _____

☆ ☆ ☆ ☆ ☆

FORMAT READ: EBOOK / PRINT / AUDIOBOOK

☑ **SYNOPSIS/THINGS I LIKED:**

_____

_____

_____

_____

🚫 **THINGS I DIDN'T LIKE:**

_____

_____

_____

_____

📝 **FAVORITE QUOTE(S):**

_____

_____

_____

_____

_____

_____

TITLE: _____

SERIES: _____

AUTHOR: _____

PAGES: _____

STARTED: _____

FINISHED: _____

☆ ☆ ☆ ☆ ☆

FORMAT READ: EBOOK / PRINT / AUDIOBOOK

Title: _____

Series: _____

Author: _____

Pages: _____

Started: _____

Finished: _____

☆ ☆ ☆ ☆ ☆

🔥 🔥 🔥 🔥 🔥

Format read: Ebook / Print / Audiobook

✓ **Synopsis/Things I liked:**

_____
_____
_____
_____

🚫 **Things I didn't like:**

_____
_____
_____
_____

✎ **Favorite quote(s):**

_____
_____
_____
_____
_____
_____
_____

TITLE: _____

SERIES: _____

AUTHOR: _____

PAGES: _____

STARTED: _____

FINISHED: _____

☆☆☆☆☆

🔥🔥🔥🔥🔥

FORMAT READ: EBOOK / PRINT / AUDIOBOOK

✅ **SYNOPSIS/THINGS I LIKED:**

_____
_____
_____
_____

🚫 **THINGS I DIDN'T LIKE:**

_____
_____
_____
_____

📝 **FAVORITE QUOTE(S):**

_____
_____
_____
_____
_____
_____

☑ **SYNOPSIS/THINGS I LIKED:** _____

_____

_____

_____

_____

🚫 **THINGS I DIDN'T LIKE:** _____

_____

_____

_____

✏️ **FAVORITE QUOTE(S):** _____

_____

_____

_____

_____

_____

_____

TITLE: _____

SERIES: _____

AUTHOR: _____

PAGES: _____

STARTED: _____

FINISHED: _____

☆ ☆ ☆ ☆ ☆

FORMAT READ: EBOOK / PRINT / AUDIOBOOK

☑ **Synopsis/Things I liked:**

_____
_____
_____
_____

🚫 **Things I didn't like:**

_____
_____
_____
_____

✎ **Favorite quote(s):**

_____
_____
_____
_____
_____
_____

Title: _____

Series: _____

Author: _____

Pages: _____

Started: _____

Finished: _____

☆ ☆ ☆ ☆ ☆

Format read: Ebook / Print / Audiobook

TITLE: _____

SERIES: _____

AUTHOR: _____

PAGES: _____

STARTED: _____

FINISHED: _____

☆ ☆ ☆ ☆ ☆

🔥 🔥 🔥 🔥 🔥

FORMAT READ: EBOOK / PRINT / AUDIOBOOK

✔️ **SYNOPSIS/THINGS I LIKED:**

_____
_____
_____
_____

🚫 **THINGS I DIDN'T LIKE:**

_____
_____
_____
_____

📝 **FAVORITE QUOTE(S):**

_____
_____
_____
_____
_____
_____
_____

TITLE: _____

SERIES: _____

AUTHOR: _____

PAGES: _____

STARTED: _____

FINISHED: _____

☆ ☆ ☆ ☆ ☆

FORMAT READ: EBOOK / PRINT / AUDIOBOOK

✓ **SYNOPSIS/THINGS I LIKED:**
_____
_____
_____
_____

🚫 **THINGS I DIDN'T LIKE:**
_____
_____
_____
_____

📝 **FAVORITE QUOTE(S):**
_____
_____
_____
_____
_____
_____

✔ **SYNOPSIS/THINGS I LIKED:**

_____
_____
_____
_____
_____

🚫 **THINGS I DIDN'T LIKE:**

_____
_____
_____
_____

✎ **FAVORITE QUOTE(S):**

_____
_____
_____
_____
_____
_____
_____

TITLE: _____

SERIES: _____

AUTHOR: _____

PAGES: _____

STARTED: _____

FINISHED: _____

☆ ☆ ☆ ☆ ☆

FORMAT READ: EBOOK / PRINT / AUDIOBOOK

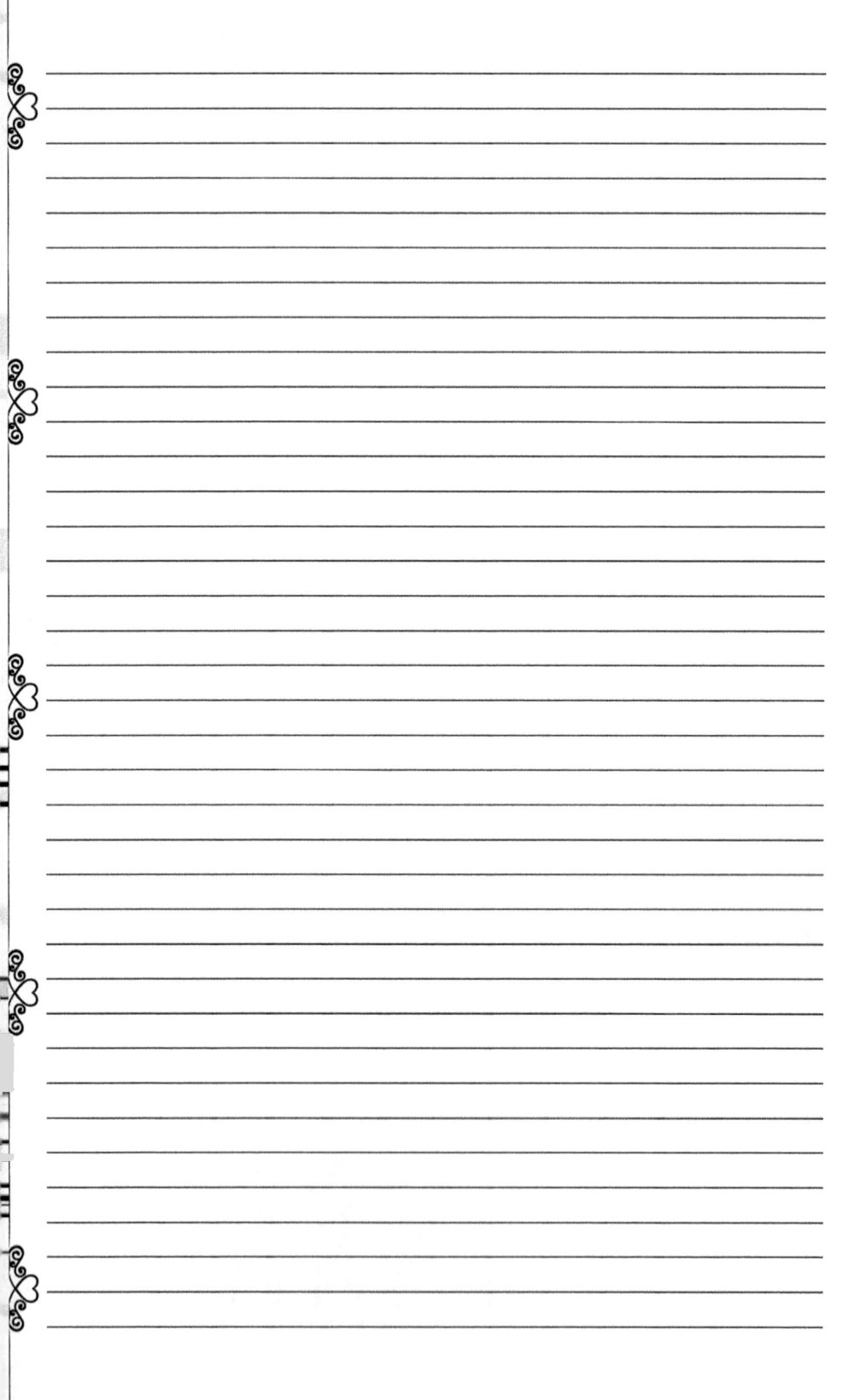

☑ **SYNOPSIS/THINGS I LIKED:**

_____
_____
_____
_____
_____

🚫 **THINGS I DIDN'T LIKE:**

_____
_____
_____
_____

✏️ **FAVORITE QUOTE(S):**

_____
_____
_____
_____
_____
_____

TITLE: _____

SERIES: _____

AUTHOR: _____

PAGES: _____

STARTED: _____

FINISHED: _____

☆ ☆ ☆ ☆ ☆

FORMAT READ: EBOOK / PRINT / AUDIOBOOK

TITLE: _____

SERIES: _____

AUTHOR: _____

PAGES: _____

STARTED: _____

FINISHED: _____

☆ ☆ ☆ ☆ ☆

FORMAT READ: EBOOK / PRINT / AUDIOBOOK

✓ **SYNOPSIS/THINGS I LIKED:**
_____
_____
_____
_____

🚫 **THINGS I DIDN'T LIKE:**
_____
_____
_____
_____
_____

✏️ **FAVORITE QUOTE(S):**
_____
_____
_____
_____
_____
_____
_____
_____

193

TITLE: _____

SERIES: _____

AUTHOR: _____

PAGES: _____

STARTED: _____

FINISHED: _____

☆ ☆ ☆ ☆ ☆

🔥 🔥 🔥 🔥 🔥

FORMAT READ: EBOOK / PRINT / AUDIOBOOK

✓ **SYNOPSIS/THINGS I LIKED:**

_____
_____
_____
_____

🚫 **THINGS I DIDN'T LIKE:**

_____
_____
_____
_____
_____

✏️ **FAVORITE QUOTE(S):**

_____
_____
_____
_____
_____
_____
_____

✅ **SYNOPSIS/THINGS I LIKED:**

_____
_____
_____
_____
_____

🚫 **THINGS I DIDN'T LIKE:**

_____
_____
_____
_____

📝 **FAVORITE QUOTE(S):**

_____
_____
_____
_____
_____
_____

TITLE: _____

SERIES: _____

AUTHOR: _____

PAGES: _____

STARTED: _____

FINISHED: _____

☆ ☆ ☆ ☆ ☆

FORMAT READ: EBOOK / PRINT / AUDIOBOOK

☑ **SYNOPSIS/THINGS I LIKED:**

_____
_____
_____
_____
_____

🚫 **THINGS I DIDN'T LIKE:**

_____
_____
_____
_____

📝 **FAVORITE QUOTE(S):**

_____
_____
_____
_____
_____
_____
_____

TITLE: _____

SERIES: _____

AUTHOR: _____

PAGES: _____

STARTED: _____

FINISHED: _____

☆ ☆ ☆ ☆ ☆

FORMAT READ: EBOOK / PRINT / AUDIOBOOK

TITLE: _____

SERIES: _____

AUTHOR: _____

PAGES: _____

STARTED: _____

FINISHED: _____

☆ ☆ ☆ ☆ ☆

FORMAT READ: EBOOK / PRINT / AUDIOBOOK

✔ **SYNOPSIS/THINGS I LIKED:**

_____
_____
_____
_____

🚫 **THINGS I DIDN'T LIKE:**

_____
_____
_____
_____

✎ **FAVORITE QUOTE(S):**

_____
_____
_____
_____
_____
_____

TITLE: _____

SERIES: _____

AUTHOR: _____

PAGES: _____

STARTED: _____

FINISHED: _____

☆ ☆ ☆ ☆ ☆

🔥 🔥 🔥 🔥 🔥

FORMAT READ: EBOOK / PRINT / AUDIOBOOK

☑ **SYNOPSIS/THINGS I LIKED:**

_____
_____
_____
_____

🚫 **THINGS I DIDN'T LIKE:**

_____
_____
_____
_____
_____

✎ **FAVORITE QUOTE(S):**

_____
_____
_____
_____
_____
_____
_____

✓ **SYNOPSIS/THINGS I LIKED:**

_____
_____
_____
_____
_____

🚫 **THINGS I DIDN'T LIKE:**

_____
_____
_____
_____

✏️ **FAVORITE QUOTE(S):**

_____
_____
_____
_____
_____
_____
_____

TITLE: _____

SERIES: _____

AUTHOR: _____

PAGES: _____

STARTED: _____

FINISHED: _____

☆ ☆ ☆ ☆ ☆

FORMAT READ: EBOOK / PRINT / AUDIOBOOK

✓ **SYNOPSIS/THINGS I LIKED:**

_____
_____
_____
_____

🚫 **THINGS I DIDN'T LIKE:**

_____
_____
_____
_____

✏️ **FAVORITE QUOTE(S):**

_____
_____
_____
_____
_____
_____

TITLE: _____

SERIES: _____

AUTHOR: _____

PAGES: _____

STARTED: _____

FINISHED: _____

☆ ☆ ☆ ☆ ☆

FORMAT READ: EBOOK / PRINT / AUDIOBOOK

TITLE: _____

SERIES: _____

AUTHOR: _____

PAGES: _____

STARTED: _____

FINISHED: _____

☆ ☆ ☆ ☆ ☆

FORMAT READ: EBOOK / PRINT / AUDIOBOOK

✓ SYNOPSIS/THINGS I LIKED:

_____
_____
_____
_____

🚫 THINGS I DIDN'T LIKE:

_____
_____
_____
_____
_____

✏️ FAVORITE QUOTE(S):

_____
_____
_____
_____
_____
_____
_____

TITLE: _____

SERIES: _____

AUTHOR: _____

PAGES: _____

STARTED: _____

FINISHED: _____

☆ ☆ ☆ ☆ ☆

🔥 🔥 🔥 🔥 🔥

FORMAT READ: EBOOK / PRINT / AUDIOBOOK

✔ **SYNOPSIS/THINGS I LIKED:**

_____
_____
_____
_____

🚫 **THINGS I DIDN'T LIKE:**

_____
_____
_____
_____

✎ **FAVORITE QUOTE(S):**

_____
_____
_____
_____
_____
_____

✔️ **SYNOPSIS/THINGS I LIKED:**

_____
_____
_____
_____

🚫 **THINGS I DIDN'T LIKE:**

_____
_____
_____
_____

✏️ **FAVORITE QUOTE(S):**

_____
_____
_____
_____
_____
_____

TITLE: _____

SERIES: _____

AUTHOR: _____

PAGES: _____

STARTED: _____

FINISHED: _____

☆ ☆ ☆ ☆ ☆

FORMAT READ: EBOOK / PRINT / AUDIOBOOK

203

✓ **SYNOPSIS/THINGS I LIKED:**

_____

_____

_____

_____

🚫 **THINGS I DIDN'T LIKE:**

_____

_____

_____

_____

✏️ **FAVORITE QUOTE(S):**

_____

_____

_____

_____

_____

_____

_____

TITLE: _____

SERIES: _____

AUTHOR: _____

PAGES: _____

STARTED: _____

FINISHED: _____

☆ ☆ ☆ ☆ ☆

FORMAT READ: EBOOK / PRINT / AUDIOBOOK

TITLE: _____

SERIES: _____

AUTHOR: _____

PAGES: _____

STARTED: _____

FINISHED: _____

☆ ☆ ☆ ☆ ☆

FORMAT READ: EBOOK / PRINT / AUDIOBOOK

✓ **SYNOPSIS/THINGS I LIKED:**

_____
_____
_____
_____

🚫 **THINGS I DIDN'T LIKE:**

_____
_____
_____
_____
_____

📝 **FAVORITE QUOTE(S):**

_____
_____
_____
_____
_____
_____
_____

TITLE: _____

SERIES: _____

AUTHOR: _____

PAGES: _____

STARTED: _____

FINISHED: _____

☆ ☆ ☆ ☆ ☆

FORMAT READ: EBOOK / PRINT / AUDIOBOOK

✓ **SYNOPSIS/THINGS I LIKED:**

_____
_____
_____
_____

🚫 **THINGS I DIDN'T LIKE:**

_____
_____
_____
_____

✎ **FAVORITE QUOTE(S):**

_____
_____
_____
_____
_____
_____
_____

✓ **SYNOPSIS/THINGS I LIKED:**

_____

_____

_____

_____

🚫 **THINGS I DIDN'T LIKE:**

_____

_____

_____

_____

✏️ **FAVORITE QUOTE(S):**

_____

_____

_____

_____

_____

_____

TITLE: _____

SERIES: _____

AUTHOR: _____

PAGES: _____

STARTED: _____

FINISHED: _____

☆ ☆ ☆ ☆ ☆

FORMAT READ: EBOOK / PRINT / AUDIOBOOK

☑ **SYNOPSIS/THINGS I LIKED:**

_____

_____

_____

_____

🚫 **THINGS I DIDN'T LIKE:**

_____

_____

_____

_____

✎ **FAVORITE QUOTE(S):**

_____

_____

_____

_____

_____

_____

TITLE: _____

SERIES: _____

AUTHOR: _____

PAGES: _____

STARTED: _____

FINISHED: _____

☆ ☆ ☆ ☆ ☆

FORMAT READ: EBOOK / PRINT / AUDIOBOOK

TITLE: _____

SERIES: _____

AUTHOR: _____

PAGES: _____

STARTED: _____

FINISHED: _____

☆ ☆ ☆ ☆ ☆

FORMAT READ: EBOOK / PRINT / AUDIOBOOK

✓ **SYNOPSIS/THINGS I LIKED:**

_____
_____
_____
_____

🚫 **THINGS I DIDN'T LIKE:**

_____
_____
_____
_____

✎ **FAVORITE QUOTE(S):**

_____
_____
_____
_____
_____
_____
_____

TITLE: _____

SERIES: _____

AUTHOR: _____

PAGES: _____

STARTED: _____

FINISHED: _____

☆☆☆☆☆

🔥🔥🔥🔥🔥

FORMAT READ: EBOOK / PRINT / AUDIOBOOK

✓ **SYNOPSIS/THINGS I LIKED:**

_____
_____
_____
_____

🚫 **THINGS I DIDN'T LIKE:**

_____
_____
_____
_____

📝 **FAVORITE QUOTE(S):**

_____
_____
_____
_____
_____
_____

✓ **SYNOPSIS/THINGS I LIKED:**

_____

_____

_____

_____

_____

🚫 **THINGS I DIDN'T LIKE:**

_____

_____

_____

_____

📝 **FAVORITE QUOTE(S):**

_____

_____

_____

_____

_____

_____

TITLE: _____

SERIES: _____

AUTHOR: _____

PAGES: _____

STARTED: _____

FINISHED: _____

☆ ☆ ☆ ☆ ☆

FORMAT READ: EBOOK / PRINT / AUDIOBOOK

211

TITLE: _____

SERIES: _____

AUTHOR: _____

PAGES: _____

STARTED: _____

FINISHED: _____

☆ ☆ ☆ ☆ ☆

FORMAT READ: EBOOK / PRINT / AUDIOBOOK

✓ SYNOPSIS/THINGS I LIKED:
_____
_____
_____
_____

🚫 THINGS I DIDN'T LIKE:
_____
_____
_____
_____

📝 FAVORITE QUOTE(S):
_____
_____
_____
_____
_____
_____
_____

TITLE: _____

SERIES: _____

AUTHOR: _____

PAGES: _____

STARTED: _____

FINISHED: _____

☆ ☆ ☆ ☆ ☆

FORMAT READ: EBOOK / PRINT / AUDIOBOOK

✔ **SYNOPSIS/THINGS I LIKED:**

_____
_____
_____
_____

🚫 **THINGS I DIDN'T LIKE:**

_____
_____
_____
_____
_____

✒ **FAVORITE QUOTE(S):**

_____
_____
_____
_____
_____
_____
_____

☑ **Synopsis/Things I liked:**

_____
_____
_____
_____
_____

🚫 **Things I didn't like:**

_____
_____
_____
_____

📝 **Favorite quote(s):**

_____
_____
_____
_____
_____
_____

Title: _____

Series: _____

Author: _____

Pages: _____

Started: _____

Finished: _____

☆ ☆ ☆ ☆ ☆

Format read: Ebook / Print / Audiobook

215

☑ **SYNOPSIS/THINGS I LIKED:**

_____

_____

_____

_____

🚫 **THINGS I DIDN'T LIKE:**

_____

_____

_____

✏️ **FAVORITE QUOTE(S):**

_____

_____

_____

_____

_____

_____

TITLE: _____

SERIES: _____

AUTHOR: _____

PAGES: _____

STARTED: _____

FINISHED: _____

☆ ☆ ☆ ☆ ☆

FORMAT READ: EBOOK / PRINT / AUDIOBOOK

TITLE: _____

SERIES: _____

AUTHOR: _____

PAGES: _____

STARTED: _____

FINISHED: _____

☆ ☆ ☆ ☆ ☆

FORMAT READ: EBOOK / PRINT / AUDIOBOOK

✓ **SYNOPSIS/THINGS I LIKED:**

_____
_____
_____
_____

🚫 **THINGS I DIDN'T LIKE:**

_____
_____
_____
_____

✏️ **FAVORITE QUOTE(S):**

_____
_____
_____
_____
_____
_____

TITLE: _____

SERIES: _____

AUTHOR: _____

PAGES: _____

STARTED: _____

FINISHED: _____

☆ ☆ ☆ ☆ ☆

🔥 🔥 🔥 🔥 🔥

FORMAT READ: EBOOK / PRINT / AUDIOBOOK

✔ **SYNOPSIS/THINGS I LIKED:**

_____
_____
_____
_____

🚫 **THINGS I DIDN'T LIKE:**

_____
_____
_____
_____

✎ **FAVORITE QUOTE(S):**

_____
_____
_____
_____
_____
_____
_____

✓ **Synopsis/Things I liked:**

_____
_____
_____
_____

🚫 **Things I didn't like:**

_____
_____
_____
_____

✎ **Favorite quote(s):**

_____
_____
_____
_____
_____
_____
_____

Title: _____

Series: _____

Author: _____

Pages: _____

Started: _____

Finished: _____

☆ ☆ ☆ ☆ ☆

Format read: Ebook / Print / Audiobook

✓ **SYNOPSIS/THINGS I LIKED:**

_____

_____

_____

_____

🚫 **THINGS I DIDN'T LIKE:**

_____

_____

_____

_____

📝 **FAVORITE QUOTE(S):**

_____

_____

_____

_____

_____

_____

_____

TITLE: _____

SERIES: _____

AUTHOR: _____

PAGES: _____

STARTED: _____

FINISHED: _____

☆ ☆ ☆ ☆ ☆

FORMAT READ: EBOOK / PRINT / AUDIOBOOK

TITLE: _____

SERIES: _____

AUTHOR: _____

PAGES: _____

STARTED: _____

FINISHED: _____

☆ ☆ ☆ ☆ ☆

FORMAT READ: EBOOK / PRINT / AUDIOBOOK

✓ **SYNOPSIS/THINGS I LIKED:**

_____
_____
_____
_____

🚫 **THINGS I DIDN'T LIKE:**

_____
_____
_____
_____

✎ **FAVORITE QUOTE(S):**

_____
_____
_____
_____
_____
_____
_____

TITLE: _____

SERIES: _____

AUTHOR: _____

PAGES: _____

STARTED: _____

FINISHED: _____

☆ ☆ ☆ ☆ ☆

FORMAT READ: EBOOK / PRINT / AUDIOBOOK

✓ **SYNOPSIS/THINGS I LIKED:**

_____
_____
_____
_____

🚫 **THINGS I DIDN'T LIKE:**

_____
_____
_____
_____

✎ **FAVORITE QUOTE(S):**

_____
_____
_____
_____
_____
_____

☑ **Synopsis/Things I liked:**

_____
_____
_____
_____
_____

🚫 **Things I didn't like:**

_____
_____
_____
_____

✎ **Favorite quote(s):**

_____
_____
_____
_____
_____
_____
_____

Title: _____

Series: _____

Author: _____

Pages: _____

Started: _____

Finished: _____

☆ ☆ ☆ ☆ ☆

Format read: Ebook / Print / Audiobook

✓ **Synopsis/Things I liked:**

_____
_____
_____
_____

🚫 **Things I didn't like:**

_____
_____
_____
_____

📝 **Favorite quote(s):**

_____
_____
_____
_____
_____
_____
_____

Title: _____

Series: _____

Author: _____

Pages: _____

Started: _____

Finished: _____

☆ ☆ ☆ ☆ ☆

Format read: Ebook / Print / Audiobook

TITLE: _____

SERIES: _____

AUTHOR: _____

PAGES: _____

STARTED: _____

FINISHED: _____

☆ ☆ ☆ ☆ ☆

FORMAT READ: EBOOK / PRINT / AUDIOBOOK

✔ **SYNOPSIS/THINGS I LIKED:**

_____
_____
_____
_____

🚫 **THINGS I DIDN'T LIKE:**

_____
_____
_____
_____

📝 **FAVORITE QUOTE(S):**

_____
_____
_____
_____
_____
_____

TITLE: _____

SERIES: _____

AUTHOR: _____

PAGES: _____

STARTED: _____

FINISHED: _____

☆☆☆☆☆

🔥🔥🔥🔥🔥

FORMAT READ: EBOOK / PRINT / AUDIOBOOK

✔ SYNOPSIS/THINGS I LIKED: _____

_____
_____
_____
_____

🚫 THINGS I DIDN'T LIKE: _____

_____
_____
_____
_____

✏ FAVORITE QUOTE(S): _____

_____
_____
_____
_____
_____
_____
_____

✓ **Synopsis/Things I liked:**

_____
_____
_____
_____

🚫 **Things I didn't like:**

_____
_____
_____
_____

✏️ **Favorite quote(s):**

_____
_____
_____
_____
_____
_____

Title: _____

Series: _____

Author: _____

Pages: _____

Started: _____

Finished: _____

☆ ☆ ☆ ☆ ☆

Format read: Ebook / Print / Audiobook

SYNOPSIS/THINGS I LIKED: _____

_____

_____

_____

_____

THINGS I DIDN'T LIKE: _____

_____

_____

_____

_____

FAVORITE QUOTE(S): _____

_____

_____

_____

_____

_____

_____

_____

TITLE: _____

SERIES: _____

AUTHOR: _____

PAGES: _____

STARTED: _____

FINISHED: _____

☆ ☆ ☆ ☆ ☆

FORMAT READ: EBOOK / PRINT / AUDIOBOOK

TITLE: _____

SERIES: _____

AUTHOR: _____

PAGES: _____

STARTED: _____

FINISHED: _____

☆ ☆ ☆ ☆ ☆

FORMAT READ: EBOOK / PRINT / AUDIOBOOK

✓ SYNOPSIS/THINGS I LIKED:

_____
_____
_____
_____
_____

⊘ THINGS I DIDN'T LIKE:

_____
_____
_____
_____
_____

✎ FAVORITE QUOTE(S):

_____
_____
_____
_____
_____
_____
_____

TITLE: _____

SERIES: _____

AUTHOR: _____

PAGES: _____

STARTED: _____

FINISHED: _____

☆ ☆ ☆ ☆ ☆

FORMAT READ: EBOOK / PRINT / AUDIOBOOK

✔ **SYNOPSIS/THINGS I LIKED:**

_____
_____
_____
_____

🚫 **THINGS I DIDN'T LIKE:**

_____
_____
_____
_____
_____

✎ **FAVORITE QUOTE(S):**

_____
_____
_____
_____
_____
_____
_____

☑ **Synopsis/Things I liked:**

_____

_____

_____

_____

🚫 **Things I didn't like:**

_____

_____

_____

_____

✎ **Favorite quote(s):**

_____

_____

_____

_____

_____

_____

_____

Title: _____

Series: _____

Author: _____

Pages: _____

Started: _____

Finished: _____

☆ ☆ ☆ ☆ ☆

Format read: Ebook / Print / Audiobook

✓ **SYNOPSIS/THINGS I LIKED:**

_____
_____
_____
_____

🚫 **THINGS I DIDN'T LIKE:**

_____
_____
_____
_____

✏️ **FAVORITE QUOTE(S):**

_____
_____
_____
_____
_____
_____

TITLE: _____

SERIES: _____

AUTHOR: _____

PAGES: _____

STARTED: _____

FINISHED: _____

☆ ☆ ☆ ☆ ☆

FORMAT READ: EBOOK / PRINT / AUDIOBOOK

TITLE: _____

SERIES: _____

AUTHOR: _____

PAGES: _____

STARTED: _____

FINISHED: _____

☆ ☆ ☆ ☆ ☆

FORMAT READ: EBOOK / PRINT / AUDIOBOOK

☑ **SYNOPSIS/THINGS I LIKED:**

_____
_____
_____
_____

🚫 **THINGS I DIDN'T LIKE:**

_____
_____
_____
_____

✎ **FAVORITE QUOTE(S):**

_____
_____
_____
_____
_____
_____
_____

TITLE: _____

SERIES: _____

AUTHOR: _____

PAGES: _____

STARTED: _____

FINISHED: _____

☆☆☆☆☆

🔥🔥🔥🔥🔥

FORMAT READ: EBOOK / PRINT / AUDIOBOOK

✅ **SYNOPSIS/THINGS I LIKED:**

_____
_____
_____
_____

🚫 **THINGS I DIDN'T LIKE:**

_____
_____
_____
_____

📝 **FAVORITE QUOTE(S):**

_____
_____
_____
_____
_____
_____

✔ **Synopsis/Things I liked:**

_____
_____
_____
_____
_____

🚫 **Things I didn't like:**

_____
_____
_____
_____

✏️ **Favorite quote(s):**

_____
_____
_____
_____
_____
_____
_____

Title: _____

Series: _____

Author: _____

Pages: _____

Started: _____

Finished: _____

☆ ☆ ☆ ☆ ☆

Format read: Ebook / Print / Audiobook

☑ **Synopsis/Things I liked:**

_____

_____

_____

_____

🚫 **Things I didn't like:**

_____

_____

_____

_____

✏️ **Favorite quote(s):**

_____

_____

_____

_____

_____

_____

_____

Title: _____

Series: _____

Author: _____

Pages: _____

Started: _____

Finished: _____

☆ ☆ ☆ ☆ ☆

Format read: Ebook / Print / Audiobook

TITLE: _____

SERIES: _____

AUTHOR: _____

PAGES: _____

STARTED: _____

FINISHED: _____

☆ ☆ ☆ ☆ ☆

FORMAT READ: EBOOK / PRINT / AUDIOBOOK

✓ **SYNOPSIS/THINGS I LIKED:**

_____
_____
_____
_____

🚫 **THINGS I DIDN'T LIKE:**

_____
_____
_____
_____

✏️ **FAVORITE QUOTE(S):**

_____
_____
_____
_____
_____
_____
_____

TITLE: _____

SERIES: _____

AUTHOR: _____

PAGES: _____

STARTED: _____

FINISHED: _____

☆ ☆ ☆ ☆ ☆

FORMAT READ: EBOOK / PRINT / AUDIOBOOK

✅ **SYNOPSIS/THINGS I LIKED:**

_____
_____
_____
_____

🚫 **THINGS I DIDN'T LIKE:**

_____
_____
_____
_____
_____

✍️ **FAVORITE QUOTE(S):**

_____
_____
_____
_____
_____
_____
_____

✓ **SYNOPSIS/THINGS I LIKED:**

_____

_____

_____

_____

_____

🚫 **THINGS I DIDN'T LIKE:**

_____

_____

_____

_____

✏️ **FAVORITE QUOTE(S):**

_____

_____

_____

_____

_____

_____

TITLE: _____

SERIES: _____

AUTHOR: _____

PAGES: _____

STARTED: _____

FINISHED: _____

☆ ☆ ☆ ☆ ☆

FORMAT READ: EBOOK / PRINT / AUDIOBOOK

☑ **SYNOPSIS/THINGS I LIKED:**

_____
_____
_____
_____
_____

🚫 **THINGS I DIDN'T LIKE:**

_____
_____
_____
_____

📝 **FAVORITE QUOTE(S):**

_____
_____
_____
_____
_____
_____
_____

TITLE: _____

SERIES: _____

AUTHOR: _____

PAGES: _____

STARTED: _____

FINISHED: _____

☆ ☆ ☆ ☆ ☆

FORMAT READ: EBOOK / PRINT / AUDIOBOOK

TITLE:

SERIES:

AUTHOR:

PAGES:

STARTED:

FINISHED:

☆ ☆ ☆ ☆ ☆

FORMAT READ: EBOOK / PRINT / AUDIOBOOK

✓ SYNOPSIS/THINGS I LIKED:

🚫 THINGS I DIDN'T LIKE:

✎ FAVORITE QUOTE(S):

TITLE: _____

SERIES: _____

AUTHOR: _____

PAGES: _____

STARTED: _____

FINISHED: _____

☆ ☆ ☆ ☆ ☆

FORMAT READ: EBOOK / PRINT / AUDIOBOOK

✔️ **SYNOPSIS/THINGS I LIKED:**

_____
_____
_____
_____

🚫 **THINGS I DIDN'T LIKE:**

_____
_____
_____
_____

📝 **FAVORITE QUOTE(S):**

_____
_____
_____
_____
_____
_____

☑ **SYNOPSIS/THINGS I LIKED:**

_____

_____

_____

_____

🚫 **THINGS I DIDN'T LIKE:**

_____

_____

_____

_____

✏️ **FAVORITE QUOTE(S):**

_____

_____

_____

_____

_____

_____

_____

TITLE: _____

SERIES: _____

AUTHOR: _____

PAGES: _____

STARTED: _____

FINISHED: _____

☆ ☆ ☆ ☆ ☆

FORMAT READ: EBOOK / PRINT / AUDIOBOOK

✓ **SYNOPSIS/THINGS I LIKED:**

_____

_____

_____

_____

🚫 **THINGS I DIDN'T LIKE:**

_____

_____

_____

_____

📝 **FAVORITE QUOTE(S):**

_____

_____

_____

_____

_____

_____

TITLE: _____

SERIES: _____

AUTHOR: _____

PAGES: _____

STARTED: _____

FINISHED: _____

☆ ☆ ☆ ☆ ☆

FORMAT READ: EBOOK / PRINT / AUDIOBOOK

TITLE: _____

SERIES: _____

AUTHOR: _____

PAGES: _____

STARTED: _____

FINISHED: _____

☆ ☆ ☆ ☆ ☆

FORMAT READ: EBOOK / PRINT / AUDIOBOOK

✅ **SYNOPSIS/THINGS I LIKED:**

_____
_____
_____
_____

🚫 **THINGS I DIDN'T LIKE:**

_____
_____
_____
_____
_____

✏️ **FAVORITE QUOTE(S):**

_____
_____
_____
_____
_____
_____
_____

TITLE: _____

SERIES: _____

AUTHOR: _____

PAGES: _____

STARTED: _____

FINISHED: _____

☆ ☆ ☆ ☆ ☆

🔥 🔥 🔥 🔥 🔥

FORMAT READ: EBOOK / PRINT / AUDIOBOOK

✓ **SYNOPSIS/THINGS I LIKED:**

_____
_____
_____
_____

🚫 **THINGS I DIDN'T LIKE:**

_____
_____
_____
_____

✏️ **FAVORITE QUOTE(S):**

_____
_____
_____
_____
_____
_____

☑ **SYNOPSIS/THINGS I LIKED:**

_____
_____
_____
_____

🚫 **THINGS I DIDN'T LIKE:**

_____
_____
_____
_____

✎ **FAVORITE QUOTE(S):**

_____
_____
_____
_____
_____
_____
_____

TITLE: _____

SERIES: _____

AUTHOR: _____

PAGES: _____

STARTED: _____

FINISHED: _____

☆ ☆ ☆ ☆ ☆

FORMAT READ: EBOOK / PRINT / AUDIOBOOK

✓ **SYNOPSIS/THINGS I LIKED:**

_____

_____

_____

_____

🚫 **THINGS I DIDN'T LIKE:**

_____

_____

_____

_____

✏️ **FAVORITE QUOTE(S):**

_____

_____

_____

_____

_____

_____

TITLE: _____

SERIES: _____

AUTHOR: _____

PAGES: _____

STARTED: _____

FINISHED: _____

☆ ☆ ☆ ☆ ☆

FORMAT READ: EBOOK / PRINT / AUDIOBOOK

TITLE: _____

SERIES: _____

AUTHOR: _____

PAGES: _____

STARTED: _____

FINISHED: _____

☆ ☆ ☆ ☆ ☆

FORMAT READ: EBOOK / PRINT / AUDIOBOOK

✓ SYNOPSIS/THINGS I LIKED:

_____
_____
_____
_____

🚫 THINGS I DIDN'T LIKE:

_____
_____
_____
_____

✏️ FAVORITE QUOTE(S):

_____
_____
_____
_____
_____
_____

TITLE: _____

SERIES: _____

AUTHOR: _____

PAGES: _____

STARTED: _____

FINISHED: _____

☆ ☆ ☆ ☆ ☆

FORMAT READ: EBOOK / PRINT / AUDIOBOOK

✔ SYNOPSIS/THINGS I LIKED:

_____
_____
_____
_____

🚫 THINGS I DIDN'T LIKE:

_____
_____
_____
_____
_____

✎ FAVORITE QUOTE(S):

_____
_____
_____
_____
_____
_____
_____

THE DUSTY DNFS (DID NOT FINISH)

TITLE/PROGRESS:

COMMENTARY:

TITLE/PROGRESS:

COMMENTARY:

TITLE/PROGRESS:

COMMENTARY:

TITLE/PROGRESS:

COMMENTARY:

TITLE/PROGRESS:

COMMENTARY:

TITLE/PROGRESS:

COMMENTARY:

TITLE/PROGRESS:

COMMENTARY:

TITLE/PROGRESS:

COMMENTARY:

TITLE/PROGRESS:

COMMENTARY:

TITLE/PROGRESS:

COMMENTARY:

TITLE/PROGRESS:

COMMENTARY:

TITLE/PROGRESS:

COMMENTARY:

THE DUSTY
DNFs
(DID NOT FINISH)

TITLE/PROGRESS:
_____

COMMENTARY:
_____

TITLE/PROGRESS:
_____

COMMENTARY:
_____

TITLE/PROGRESS:
_____

COMMENTARY:
_____

TITLE/PROGRESS:
_____

COMMENTARY:
_____

TITLE/PROGRESS:
_____

COMMENTARY:
_____

TITLE/PROGRESS:
_____

COMMENTARY:
_____

TITLE/PROGRESS:
_____

COMMENTARY:
_____

TITLE/PROGRESS:
_____

COMMENTARY:
_____

TITLE/PROGRESS:
_____

COMMENTARY:
_____

TITLE/PROGRESS:
_____

COMMENTARY:
_____

TITLE/PROGRESS:
_____

COMMENTARY:
_____

TITLE/PROGRESS:
_____

COMMENTARY:
_____

THE DUSTY DNFS (DID NOT FINISH)

TITLE/PROGRESS:

COMMENTARY:

TITLE/PROGRESS:

COMMENTARY:

TITLE/PROGRESS:

COMMENTARY:

TITLE/PROGRESS:

COMMENTARY:

TITLE/PROGRESS:

COMMENTARY:

TITLE/PROGRESS:

COMMENTARY:

TITLE/PROGRESS:

COMMENTARY:

TITLE/PROGRESS:

COMMENTARY:

TITLE/PROGRESS:

COMMENTARY:

TITLE/PROGRESS:

COMMENTARY:

TITLE/PROGRESS:

COMMENTARY:

TITLE/PROGRESS:

COMMENTARY:

THE DUSTY
DNFs
(DID NOT FINISH)

TITLE/PROGRESS:
_____

COMMENTARY:
_____

TITLE/PROGRESS:
_____

COMMENTARY:
_____

TITLE/PROGRESS:
_____

COMMENTARY:
_____

TITLE/PROGRESS:
_____

COMMENTARY:
_____

TITLE/PROGRESS:
_____

COMMENTARY:
_____

TITLE/PROGRESS:
_____

COMMENTARY:
_____

TITLE/PROGRESS:
_____

COMMENTARY:
_____

TITLE/PROGRESS:
_____

COMMENTARY:
_____

TITLE/PROGRESS:
_____

COMMENTARY:
_____

TITLE/PROGRESS:
_____

COMMENTARY:
_____

TITLE/PROGRESS:
_____

COMMENTARY:
_____

TITLE/PROGRESS:
_____

COMMENTARY:
_____

THE DUSTY DNFS (DID NOT FINISH)

TITLE/PROGRESS:

COMMENTARY:

TITLE/PROGRESS:

COMMENTARY:

TITLE/PROGRESS:

COMMENTARY:

TITLE/PROGRESS:

COMMENTARY:

TITLE/PROGRESS:

COMMENTARY:

TITLE/PROGRESS:

COMMENTARY:

TITLE/PROGRESS:

COMMENTARY:

TITLE/PROGRESS:

COMMENTARY:

TITLE/PROGRESS:

COMMENTARY:

TITLE/PROGRESS:

COMMENTARY:

TITLE/PROGRESS:

COMMENTARY:

TITLE/PROGRESS:

COMMENTARY:

The Dusty
DNFs
(Did Not Finish)

Title/Progress:

Commentary:

Title/Progress:

Commentary:

Title/Progress:

Commentary:

Title/Progress:

Commentary:

Title/Progress:

Commentary:

Title/Progress:

Commentary:

Title/Progress:

Commentary:

Title/Progress:

Commentary:

Title/Progress:

Commentary:

Title/Progress:

Commentary:

Title/Progress:

Commentary:

Title/Progress:

Commentary:

Refills & Book Recommendations

Pick up your next volume now!

Choose from a wide selection of premium book journals also offered by Painted Wings Publishing. They each accommodate entries for 250 books and have individual aesthetic touches.

THE SEEDER WARS TRILOGY   ## THE HEIR'S DUOLOGY

Seeder Wars is a Young Adult Contemporary Romantic Fantasy series featuring unique magic, botanical beings, spies, & assassins. The series starts with a central trilogy and expands to a spin-off duology (& more on the way!)

Magic in the Match
Fairy Tale Romances

Magic in the Match is a series of standalone Adult Fairy Tale Sweet Romances.

For more information, go to JHouserWrites.com!

Milton Keynes UK
Ingram Content Group UK Ltd.
UKHW012156080224
437538UK00017B/214/J